SYDNEY WARBURG

LES FINANCIERS SECRETS D'HITLER

LES SOURCES FINANCIÈRES
DU NATIONAL-SOCIALISME

Sydney Warburg
(1880-1947)

Le nom de plume "Sydney Warburg" représente soit un auteur individuel, soit un collectif d'écrivains anonymes. Ils sont les auteurs d'un livre détaillant le soutien financier apporté au parti nazi par des banquiers américains entre 1929 et 1933. Le titre néerlandais du livre, *"De geldbronnen van het Nationaal-Socialisme : drie gesprekken met Hitler"*, fait allusion à trois conversations que Warburg prétend que Sydney aurait eues avec Adolf Hitler. L'attribution originale du texte est *"Door Sydney Warburg, vertaald door J.G. Schoup"* (Par Sydney Warburg, traduit par J.G. Schoup).

Traduit et publié par Omnia Veritas Ltd

www.omnia-veritas.com

© Omnia Veritas Limited - 2024

Tous droits réservés. Aucune partie de cette publication ne peut être reproduite, stockée dans un système d'archivage ou transmise sous quelque forme ou par quelque moyen que ce soit, électronique, mécanique, photocopie, enregistrement ou autre, sans l'autorisation écrite préalable du détenteur des droits d'auteur.

NOTE DE L'ÉDITEUR	9
INTRODUCTION	13
1929	21
1931	49
ÉPILOGUE	111
AUTRES TITRES	149

Note de l'éditeur

La coupure de presse qui figure ci-dessous a été publiée dans de nombreux journaux importants à travers les États-Unis et a été reçue par toutes les grandes chaînes de télévision. À notre connaissance, aucune des chaînes de télévision n'a relayé l'histoire.

La dernière ligne du communiqué de l'UPI indique que le manuscrit sera republié le 1er décembre 1982. Le 4 janvier 1983, nous avons appris que l'éditeur avait « changé d'avis » et ne réimprimerait pas le document. Aucune raison n'a été donnée. Ainsi, au cours des 50 dernières années, ce livre a été supprimé deux fois. Les forces qui ont provoqué cela restent inconnues, mais si elles sont si puissantes, nous avons toutes les raisons de croire que nous entendrons parler d'elles à une date ultérieure.

Cette troisième version du manuscrit, tout en étant fidèle au verbiage original, a corrigé les erreurs d'orthographe et de ponctuation qui n'avaient pas été corrigées auparavant.

L'histoire est désormais juge de l'authenticité du livre.

San Jose Mercury News-Samedi, 25 septembre 1982

Un livre affirme que les banquiers américains ont aidé Hitler

MUNICH, Allemagne de l'Ouest (UPI) —Une maison d'édition a affirmé vendredi avoir découvert un livre qui prétend que des banquiers américains ont fourni à Adolf Hitler des millions de dollars pour l'aider à construire son parti nazi.

Les éditions Droemer Knaur ont déclaré avoir reçu un exemplaire du livre d'un médecin néerlandais et être convaincues de son authenticité.

Selon eux, le livre, écrit par le banquier américain Sidney Warburg, aujourd'hui décédé, a disparu pendant la guerre.

Warburg, copropriétaire de la banque new-yorkaise Kuhn Loeb and Cie. décrit dans le livre trois conversations qu'il a eues avec Hitler à la demande de financiers américains, de la Banque d'Angleterre et de compagnies pétrolières pour faciliter les paiements au parti nazi, selon l'éditeur.

Le livre affirme que Hitler a reçu 10 millions de dollars de Kuhn Loeb and Cie. en 1929, 15 millions de dollars supplémentaires en 1931 et 7 millions de dollars lorsque Hitler a pris le pouvoir en 1933, selon les éditeurs.

Selon eux, Warburg s'est décrit dans le livre comme « l'instrument lâche » de ses collègues banquiers américains pour avoir arrangé des accords avec Hitler.

Le livre a été publié en Hollande en 1933, peu avant la mort de Warburg, mais a disparu pendant la guerre après l'assassinat de son traducteur et de son éditeur, a déclaré le porte-parole de l'éditeur.

Il a déclaré que l'on pensait que les nazis avaient perpétré les meurtres et qu'ils avaient détruit des exemplaires du livre pour éviter d'être discrédités.

Le livre sera réédité le 1er décembre sous le titre « How Hitler Was Financed » (Comment Hitler a été financé).

Introduction

Le livre que vous vous apprêtez à lire est l'un des documents historiques les plus extraordinaires du 20ème siècle.

Où Hitler a-t-il obtenu les fonds et le soutien nécessaires pour parvenir au pouvoir dans l'Allemagne de 1933 ? Ces fonds provenaient-ils uniquement de grands banquiers et industriels allemands ou également de banquiers et industriels américains ?

L'éminent nazi Franz von Papen a écrit dans ses MEMOIRS (New York : E. P. Dutton & Co..., Inc. 1953), p. 229, "... le récit le plus documenté de l'acquisition soudaine de fonds par les nationaux-socialistes est contenu dans un livre publié en Hollande en 1933, par la vieille maison d'édition d'Amsterdam Van Holkema & Warendorf, intitulé DE GELDBRONNEN VAN HET NATIONAAL SOCIALISME (DRIE GESPREKKEN MET HITLER) sous le nom de "Sidney Warburg"".

Le livre cité par von Papen est celui que vous allez lire et a bien été publié en 1933 en Hollande, mais n'est resté que quelques jours sur les étals des libraires. Le livre a été purgé. Tous les exemplaires

— à l'exception de trois survivants accidentels — ont été retirés des librairies et des rayons. Le livre et son histoire ont été réduits au silence — ou presque.

L'une des trois copies qui ont survécu a trouvé le chemin de l'Angleterre, a été traduite en anglais et déposée au British Museum. Cette copie et la traduction ont ensuite été retirées de la circulation et sont actuellement « indisponibles » pour la recherche. Le deuxième exemplaire en néerlandais a été acquis par le chancelier autrichien Schussnigg. On ne sait pas où il se trouve actuellement. Le troisième survivant néerlandais s'est retrouvé en Suisse et a été traduit en allemand en 1947. Cette traduction allemande a été retrouvée il y a quelques années par cet éditeur dans le Schweizerischen Sozialarchiv à Zurich, accompagnée d'une déclaration sous serment des trois traducteurs néerlandais vers l'allemand et d'une critique du livre. Cet éditeur a fait des copies du texte allemand et a commandé une traduction en anglais. C'est cette traduction que vous lirez ici. Même en tenant compte de la double traduction du néerlandais vers l'allemand et de l'allemand vers l'anglais, le style original, très vivant, a été conservé pour l'essentiel. Le livre n'est en aucun cas une lecture ennuyeuse.

Le livre original, F<small>INANCIAL</small> O<small>RIGINS</small> O<small>F</small> N<small>ATIONAL</small> S<small>OCIALISM</small>, a été qualifié de faux. Cependant, depuis 1933, de nombreux dossiers du gouvernement allemand d'avant-guerre ont été rendus publics, notamment les dossiers du ministère allemand des affaires étrangères qui ont été capturés et les documents du procès de Nuremberg. Ces documents confirment l'histoire sur des points essentiels.

Par exemple, dans le livre, Sidney Warburg affirme avoir rencontré un obscur banquier, von Heydt, en 1933. En 1982, les archives allemandes nous ont appris qu'en 1933, la Dutch Bank voor Handel en Scheepvaart N.V. était un canal de financement pour les nazis. L'ancien nom de cette banque était la Banque von Heydt. Coïncidence ? Comment Sidney Warburg aurait-il pu le savoir en 1933 ?

Il existe d'autres liens. Nous savons maintenant que le groupe allemand I. G. Farben était un financier d'Hitler, et que Paul Warburg était un directeur de l'I. G. Farben américaine. En outre, Max Warburg était l'un des directeurs de l'I. G. Farben allemande. Max Warburg a également signé le document nommant Hjalmar Schaht à la Reichsbank — et la signature d'Hitler apparaît à côté de celle de Max Warburg.

Pourtant, la famille Warburg a nié tout lien avec Hitler. Les Warburg ont qualifié le livre de faux et ont menacé l'éditeur de le retirer des librairies. En tout état de cause, les Warburg ne sont pas directement accusés. « Sidney Warburg n'était que le coursier. En fait, tous les banquiers cités sont des gentils, pas des juifs.

En 1949, James P. Warburg a fait une déclaration

sous serment qui aggrave le mystère. Warburg a nié avoir vu le livre de « Sidney Warburg », tout en le qualifiant de faux ! De plus, une lecture attentive de la déclaration sous serment de James Warburg montre que son démenti se réfère à un autre livre publié par l'un des traducteurs, René Sonderegger, et non au livre de « Sidney Warburg ». Et pour épaissir le mystère, cette déclaration sous serment de Warburg est publiée dans les MEMOIRS de Fritz von Papen, la même source qui recommandait Sidney Warburg comme source d'informations exactes sur le financement d'Hitler (et Papen était, bien sûr, un nazi de premier plan).

Aujourd'hui encore, un mystère entoure ce document. L'explication initiale de sa publication, à savoir qu'un membre de la famille Warburg voulait mettre en garde contre l'imminence d'une guerre en Europe, est empreinte d'authenticité.

Qui est qui dans le livre

- « Rockefeller » John D. Rockefeller II.

- "Carter John Ridgley Carter, a épousé Alice Morgan, liée aux intérêts de Morgan à Paris.

- « Deterding Henri Deterding, directeur de Royal Dutch Shell et fervent partisan d'Hitler.

DOCUMENTATION

Concernant le FINANCEMENT DES ÉVÉNEMENTS POLITIQUES

Pour les archives de la Schweizerischen Lanclesbibliothek

11 février 1947

EXPLICATION

Les trois témoins soussignés attestent que le document ci-joint n'est autre qu'une traduction fidèle et littérale du néerlandais vers l'allemand du livre de Sidney Warburg, dont un exemplaire a été constamment à leur disposition pendant toute la durée de la traduction. Ils attestent qu'ils ont tenu l'original entre leurs mains et que, dans la mesure de leurs possibilités, ils l'ont lu phrase par phrase en le traduisant en allemand, comparant ensuite consciencieusement le contenu de la traduction ci-jointe à l'original jusqu'à ce qu'ils parviennent à une concordance totale. Le livre original est intitulé : De Geldbronnen van het Nationaal-Socialisme, Drie Gesprekken met Hitler, Door Sidney Warburg, vertaald door I. G. Shoup (sic), il porte la marque de la maison d'édition « Vol Hardt En Waeckt » et est paru en 1933 à Amsterdam sous la forme d'une brochure de quatre-vingt-dix-neuf pages de texte, publiée par Van Holkema & Warendorf's Uitg.-Mij. N.V.

Zurich, Suisse, 11 février 1947.

Dr. Walter Nelz
né le 4 mars 1909, citoyen de Zurich

Wilhelm Peter
née le 28 juillet 1906, citoyenne de Gottingen

Rene Sonderegger
née le 16 janvier 1899, citoyenne de Heiden

Tiré à trois exemplaires pour le soussigné, avec deux exemplaires supplémentaires, dont l'un est mis à la disposition du Schweizerischen Sozialarchiv à Zurich et de la Schweizerischen Landesbibliothek à Berne.

Sidney Warburg :
Les sources financières du national-socialisme.
Trois conversations avec Hitler Traduit par J. G. Schoup van Holkema & Warendorf, Publishers, Amsterdam, 1933, 99 p.

COMMENT CELA S'EST PASSÉ...

Sidney Warburg parlait peu, tant que les invités étaient présents. Il était seul avec moi et il a commencé à parler du scandale Sinclair.

« Il y a des moments où j'ai envie de m'enfuir d'un monde où il y a tant d'intrigues, d'astuces, d'escroqueries et de manipulations de la bourse. De temps en temps, j'en parle à mon père ainsi qu'à d'autres banquiers et courtiers. Savez-vous ce que je n'arriverai jamais à comprendre ? Comment est-il possible que des personnes de bonne et honnête moralité — ce que j'ai amplement prouvé — participent à des escroqueries et à des fraudes, sachant pertinemment qu'elles affecteront des milliers de personnes. Les pouvoirs de Sinclair Trust ont rapporté des millions de dollars à Wall Street, mais ont ruiné des milliers d'épargnants. Lorsque l'on s'interroge sur les raisons des pratiques malhonnêtes et moralement indéfendables des dirigeants financiers, on n'obtient jamais de réponse. Si leur vie privée est ordonnée et bonne, il n'est pas possible qu'ils se débarrassent de leur vrai caractère dès qu'ils entrent dans le monde de la finance, oubliant tout concept d'honnêteté et de moralité au profit de l'argent, parfois de millions de dollars ».

Le combat de conscience qui transparaît dans ces mots de Sidney Warburg, fils d'un des plus grands banquiers des Etats-Unis, membre de la firme bancaire Kuhn, Loeb & Co, N. Y., est la tragédie de sa vie. Il n'a jamais pu se libérer de ses liens avec ce milieu, dont il n'a jamais pu saisir les motivations profondes.

Ces paroles, prononcées en 1928, expliquent peut-être ce que je me suis demandé en 1933, à savoir pourquoi il a finalement décidé de révéler au monde comment le national-socialisme était financé. Ce faisant, il n'a consciencieusement pas relégué son propre rôle à l'arrière-plan, mais a avoué honnêtement sa participation personnelle.

Lorsque j'ai reçu le manuscrit de sa part, accompagné de la demande de traduction, j'ai senti que la tragédie de la vie de l'auteur avait atteint un point final, l'obligeant à faire la confession honnête contenue dans les pages suivantes. C'est un premier pas vers la liberté intérieure que je lui souhaite de tout cœur, parce qu'il a le courage de dire devant le monde entier : 'Ils ont rendu cela possible, mais j'ai été leur lâche garçon de course !

Si le « pauvre monde » et la « pauvre humanité » — mots par lesquels l'auteur termine son ouvrage — ne comprennent pas son cri, alors son aveu a été un acte de courage, qui était nécessaire pour le faire. Avoir ce courage signifie rompre avec les anciens cercles et exposer au monde d'anciens amis comme des hommes sans conscience, surtout en révélant sa propre participation totale et non dissimulée au processus.

Octobre 1933
Le traducteur

1929

L'argent est un pouvoir. Le banquier sait le concentrer et le gérer. Le banquier international fait de la politique internationale. Il y est contraint par le gouvernement central du pays dans lequel il est installé, car le gouvernement influence la banque d'émission. Dans d'autres pays, il s'agit de la banque nationale. Celui qui comprend ce qui s'est caché derrière le mot « national » ces dernières années et ce qui s'y cache encore, sait aussi pourquoi le banquier international ne peut pas se tenir à l'écart de la politique internationale.

Le monde bancaire américain se développait depuis des mois à un rythme soutenu. Nous étions en plein boom, et nous le savions. Les pessimistes prédisaient une chute brutale, mais chaque jour nous passions des commandes plus importantes, et Wall Street elle-même se moquait des pessimistes. Wall Street a donné de l'argent au monde entier — même la lointaine péninsule des Balkans, dont nous avions entendu le nom à l'école et que nous avions oublié depuis longtemps, a reçu des crédits, ses obligations ont été vendues, les spéculateurs se sont jetés dessus et le taux de change a augmenté. Aujourd'hui, en 1933, les économistes politiques ne sont toujours pas d'accord sur les raisons pour lesquelles les pessimistes avaient raison en particulier en 1929, et non un an plus tôt ou plus tard. 1929 a marqué le début d'une époque malheureuse pour Wall Street, qui n'a toujours pas pris fin.

Le taux de change ne s'est pas effondré, terme habituel pour désigner une baisse, mais s'est tout simplement effondré et, en quelques semaines, la folie du crédit à New York s'est complètement arrêtée. Les agents des États européens en quête de crédit ont dû rentrer chez eux les mains vides. L'Amérique semblait ne plus avoir d'argent. Dans les périodes difficiles, les hommes de pouvoir ont l'habitude de ne pas taire leur point de vue. Les principaux journaux ont publié des interviews de Hoover, McCormick, McKenna, Dawes, Young et bien d'autres, mais cela ne nous a pas aidés à Wall Street. Nous vivions l'enfer.

Chaque fois que l'on était appelé à répondre au téléphone, à son retour, les prix de l'acier, d'Anaconda, de Bethlehem et des principales compagnies pétrolières avaient chuté de dix à vingt points. La chute des cours attirait tout le monde, qu'on le veuille ou non, et je connais plus d'un banquier sérieux, respectable et d'excellente réputation, qui considérait la spéculation sur les taux de change comme criminelle, mais qui s'y adonnait lui-même. Il le faisait ouvertement, sans demander à son courtier de camoufler ses ordres ou de les cacher au marché.

J'ai déjà dit que nous vivions un enfer.

Aujourd'hui, en 1933, on se souvient de ces jours, mais personne ne peut se représenter la situation réelle sans l'avoir vécue. Nous ne pouvons pas oublier que le monde entier avait les yeux tournés vers Wall Street et que Londres, Paris, Amsterdam, Berlin étaient tous impliqués dans la tension qui régnait à New York. C'est pourquoi le krach de Wall Street a eu une portée internationale.

Je laisse à d'autres le soin de découvrir les causes de ce krach soudain. Je veux seulement décrire brièvement l'état de la finance américaine en 1929. Sans cet aperçu, ce qui suit serait largement incompréhensible pour mes lecteurs.

Les banques de la Réserve fédérale disposaient d'énormes sommes en Allemagne. Les crédits en Allemagne étaient gelés depuis la dissolution de la Darmstadter et de la Banque nationale, le krach de Nordwolle, la réorganisation des D-banks (Darmstadter, Deutsche, Dresden et Dusseldorf), l'émission des Young-Obligations et la création de la banque pour les paiements internationaux. Il en a été de même en Autriche après la crise de la Kreditanstalt. Les dettes de guerre françaises, belges, roumaines et italiennes sont encore en cours de règlement, mais les différents États débiteurs commencent à demander des modifications des annuités et des taux d'intérêt à chaque fois qu'ils en ont l'occasion. Des années plus tôt, la dette de guerre française avait été réglée à des conditions très pratiques qui s'étaient avérées trop favorables pour la France. En bref, les États-Unis avaient en 1929 des créances sur des gouvernements étrangers ainsi que sur des particuliers à l'étranger s'élevant à 85 milliards de dollars[1]. C'était en avril. Le monde bancaire américain n'a jamais été enthousiaste à l'égard de Wilson. Les banquiers et les financiers considéraient son idéalisme comme suffisant pour les études, mais inadapté au monde pratique et international des affaires. C'est pourquoi Wall Street n'a jamais été très satisfait du traité de Versailles, qui avait été élaboré selon les directives de Wilson. Ce traité avait été formellement rejeté parce que la France y était favorisée sans raison. Tel était le sentiment en 1920 ; en 1929, il s'est transformé en une franche hostilité. Même si les accords originaux avaient été modifiés entre-temps de nombreuses façons (Dawes - Young, etc.), il n'en restait pas moins que la France, selon le monde bancaire américain, détenait la clé du redressement économique de l'Allemagne en raison de sa position favorable en ce qui concerne les réparations et de sa revendication de recevoir celles-ci en or plutôt qu'en marchandises. Dès lors que l'on réalise que le bien-être de l'Amérique, de la Grande-Bretagne, voire du monde entier, dépend de cette reprise économique, on comprend pourquoi les Américains ont tenté de promouvoir la construction économique de l'Allemagne et de l'Europe centrale par le biais du crédit. Mais la France a mis des bâtons dans les roues de leurs plans, car tout ce que l'Amérique a

---

[1] Un billard = mille milliards —Un milliard = mille millions

avancé à l'Allemagne, soit directement, soit par l'intermédiaire de Londres, ou tout ce que Londres a donné directement, s'est retrouvé tôt ou tard en France sous la forme d'une augmentation des réparations. L'Allemagne ne pouvait pas exporter suffisamment pour dégager un excédent commercial qui couvrirait ses réparations à la France. Elle doit donc payer ses dettes avec son capital, mais ce capital a été avancé sous la forme de crédits importants de l'Amérique et de l'Angleterre. La situation devient intolérable. L'Allemagne ne pouvait pas continuer à accepter des devises étrangères sans limite, et l'Amérique et l'Angleterre ne pouvaient pas prêter des sommes illimitées.

Les créances étrangères de l'Amérique avaient été, pour la plupart, gelées en Allemagne, en Autriche et en Europe centrale en raison des difficultés décrites précédemment. 85 milliards2 (sic) de dollars ne sont pas une bagatelle, même pour un pays comme l'Amérique. Sur cette somme, 50 à 55 milliards de dollars étaient, selon des estimations précises, gelés et le reste n'était pas du tout assuré, car on pouvait douter de la bonne volonté des anciens alliés — à l'exception de l'Angleterre — en ce qui concerne le remboursement des dettes envers l'Amérique.

Il faut ici revenir un peu en arrière dans l'histoire de l'après-guerre. Dès les premiers jours qui ont suivi la signature du traité de Versailles, la France a considéré ses dispositions comme permanentes et sacrées, non pas pour des raisons sentimentales, mais pour des raisons compréhensibles d'intérêt personnel. Bien qu'il ait été difficile, ces dernières années, de convaincre les gouvernements français et les experts financiers français, par la parole et par l'écrit, que l'on exigeait plus de l'Allemagne que ce qu'elle pouvait donner conformément aux dispositions du traité, ce point de vue n'a jamais réussi à s'imposer dans les cercles dirigeants de Paris. Tant que les Français ne seront pas convaincus de cette vérité, la coopération internationale ne sera pas possible. Une conférence économique mondiale se tient cette année à Londres. Je ne parierais pas un centime sur son succès si le gouvernement français ne modifie pas substantiellement sa position. Dans toutes les négociations qui ont eu lieu depuis 1920 pour modifier le traité de Versailles, la France s'est toujours opposée à une réduction des réparations qui lui étaient dues. Plusieurs réductions ont été obtenues malgré cela, mais la France n'a jamais demandé plus que ce qu'elle ne pouvait recevoir, et elle a même su tirer des avantages de ces réductions. La France a donc reçu, également grâce à l'acceptation du plan Young, la plus grande partie des annuités sans aucune condition, et a réussi à maintenir la supériorité qu'elle avait ainsi sur l'Allemagne. Je ne juge pas le comportement de la France. Les hommes politiques et les financiers français étaient convaincus que la possibilité d'une répétition de 1914 devait être maintenue ouverte et qu'ils devaient essayer d'anticiper le danger ; pour eux, une Allemagne prospère augmentait la possibilité d'une telle répétition. (Les Allemands ont toujours été les barons voleurs de l'Europe et le seront toujours, comme au Moyen-Âge). L'Allemagne, selon la croyance française, doit rester économiquement faible. Mais le monde a besoin d'une Allemagne et d'une Amérique prospères, plus que de n'importe qui d'autre. Pourquoi ? Il faut chercher l'explication dans les ouvrages d'économie politique, dans les exemples d'économie pratique et internationale, dans les gros livres sur le sujet qui contiennent beaucoup d'idioties et qui trahissent tous un manque total de connaissance de la réalité. Les économistes politiques sont avant tout des universitaires. Ils connaissent les banques, les usines, les bureaux d'affaires, les bourses, mais seulement de l'extérieur. N'oublions pas que lorsque Wilson était encore professeur à Princeton, il était connu en Amérique comme le meilleur économiste politique. Mais je m'éloigne du sujet. N'oublions pas que la France ne veut pas d'une Allemagne prospère : La France ne veut pas d'une Allemagne prospère par souci de sa propre sécurité ; l'Amérique et l'Angleterre, en revanche, ont besoin d'une Allemagne en bonne santé, sans quoi elles ne peuvent pas être prospères. Pour maintenir l'Allemagne au plus bas économiquement, la France utilise son droit aux réparations, que tout le monde a fixé à un prix beaucoup trop élevé, en raison du manque de bon sens de Wilson et de l'excitation de la victoire de 1918-20, et qui sont devenues un fardeau incroyable pour l'Allemagne. Tous les gouvernements allemands se sont trouvés entre le marteau et l'enclume : d'un côté, les exigences des pays étrangers (principalement la France) et, de l'autre, la colère de l'intérieur. S'ils répondaient aux exigences étrangères, le peuple allemand criait à la trahison — les reproches et les accusations du peuple peuvent retentir très fort — et s'ils résistaient, ils étaient menacés d'une occupation militaire française. L'aventure de la Ruhr s'est déroulée de cette manière. Elle s'est avérée infructueuse pour la France et elle a renoncé à d'autres tentatives, mais elle a trouvé d'autres moyens d'utiliser avantageusement sa demande de réparations. Il ne m'est pas possible d'expliquer toute la stratégie politique française dans cette brève présentation. Je voudrais seulement ajouter que la France savait comment lutter obstinément contre toute réduction des réparations, ou comment accepter des réductions si elles pouvaient être remplacées par d'autres avantages. Tant que la France pouvait faire valoir ses exigences en matière de réparations, tant que les prêts américains et anglais à l'Allemagne ne suffisaient pas à assurer sa reconstruction économique, cette reconstruction devait s'effondrer sur les exigences du traité de Versailles.

Personne ne s'étonnera que les milieux financiers américains aient cherché d'autres moyens de mettre la France en échec sur cette question. Si l'arme des réparations pouvait lui être retirée des mains, l'Allemagne pourrait alors remettre son économie sur une base financière saine avec l'aide de l'Amérique et de l'Angleterre, et ouvrir la porte de la prospérité aux deux plus grands pays du monde.

En juin 1929, une réunion a eu lieu entre les banques de réserve fédérales et les principaux banquiers indépendants des États-Unis. Je n'ai découvert que plus tard la direction prise par cet échange d'idées. Mais d'abord, j'aborderai le monde international du pétrole. Il existe en effet un monde pétrolier international, tout comme il existe un monde bancaire international ; vous devez certainement le savoir. Les rois du pétrole sont des hommes voraces. Standard Oil et Royal Dutch sont de bons amis. Ces deux entreprises ont divisé le monde en districts, et chacune d'entre elles s'en est réservé un certain nombre. Chaque entreprise est totalement maîtresse du territoire qui lui a été attribué. Ces personnes ont accumulé de grands profits au fil des ans de cette manière. Mais la Russie soviétique a tout gâché en introduisant une forte concurrence contre Standard Oil et Royal Dutch. Depuis lors, les entreprises ne réalisent plus que six à sept pour cent de bénéfices sur leur capital, mais cela ne suffit pas à satisfaire l'avidité des dirigeants. La concurrence russe a été particulièrement fructueuse en Allemagne, car plusieurs gouvernements allemands ont fait des ouvertures aux nouveaux dirigeants de la Russie, essayant par le biais de crédits, etc. de permettre au pétrole et au gaz russes d'accéder plus facilement au marché allemand qu'à n'importe quel autre pays. Patientez encore quelques lignes et vous comprendrez pourquoi des représentants de la Standard Oil et de la Royal Dutch étaient présents aux conférences organisées par les banques de la Réserve fédérale en 1929 avec les banquiers américains. Je ne m'étendrai pas plus longtemps sur les affaires financières internationales, mais je raconterai simplement le rôle que j'ai joué à la conférence susmentionnée de 1929, la mission qui m'a été confiée et la manière dont je l'ai exécutée. Cette confession est aride et ennuyeuse pour les amateurs de contes fantastiques et ils la jetteront aux oubliettes. Mon récit convient encore moins à ceux qui savent que la vie réelle écrit des histoires plus palpitantes et plus pleines de suspense que la fantaisie la plus audacieuse qu'un auteur de fiction puisse inventer, car pour eux, seuls le meurtre, l'homicide involontaire, le vol, le chantage, les menaces, le divorce et le sex-appeal sont porteurs de suspense. Mon récit est la description fidèle de quatre conversations que j'ai eues avec « l'homme qui monte » en Europe, Adolf Hitler. Je n'ai pas l'intention d'écrire une œuvre littéraire, car je ne fais que relater mes propres expériences, tout ce que j'ai entendu et appris, et j'insère ici et là mes propres opinions pour que mes lecteurs puissent mieux s'orienter. En publiant mes expériences, je n'ai pas l'intention d'éveiller la haine contre des personnes, mais d'exposer les méfaits d'un système qui contrôle le monde, et qui peut permettre que ce à quoi j'ai moi-même participé se produise. L'expression « peut permettre que cela se produise » n'est pas la bonne. Ce que je veux dire, c'est ce qui s'est réellement passé.

En juillet 1929, j'ai été invité à me rendre le lendemain dans les bureaux de Guaranty Trust à New York pour m'entretenir avec Carter, le président-commissaire de la banque. Carter était seul et commença sans formalités. Le lendemain, une réunion devait avoir lieu entre les directeurs de Guaranty Trust, à laquelle assisteraient les présidents-commissaires des autres banques fédérales de réserve, ainsi que cinq banquiers indépendants, le jeune Rockefeller et Glean de Royal Dutch. Carter avait parlé de moi aux hommes lors de la réunion précédente, celle dont je savais qu'elle avait eu lieu en juin, et ils étaient tous d'accord pour dire que j'étais l'homme qu'il leur fallait. Je parle parfaitement l'allemand et j'ai travaillé quatre ans à Hambourg dans une société bancaire avec laquelle nous étions amis. Carter m'a expliqué la situation. Je connaissais tous les problèmes financiers internationaux, il n'avait rien à dire à ce sujet. Je savais aussi que le monde bancaire new-yorkais cherchait les moyens de mettre fin à l'utilisation abusive par la France des demandes de réparations. J'ai reçu un bref résumé de ce que la France avait fait dans le domaine de la politique financière internationale. Carter savait également que Londres était du même avis que New York. Je serais alors informé de ce qui serait discuté le lendemain, mais en tout état de cause, il pouvait compter sur ma présence à la réunion.

Naturellement, je suis venu le lendemain. Carter et Rockefeller ont dominé les débats. Les autres écoutaient et hochaient la tête. Le sujet de préoccupation était — pour reprendre les termes de Carter — très simple. Il était clair pour chacun d'entre nous qu'il n'y avait qu'un seul moyen de libérer l'Allemagne des griffes financières de la

France, et c'était la révolution. Cette révolution pouvait être menée par deux groupes politiques différents. Les communistes allemands étaient les premiers en cause, mais si une révolution communiste réussissait en Allemagne, le pouvoir de la Russie soviétique s'en trouverait renforcé et le danger bolcheviste pour le reste du monde serait accru. Il restait une révolution activée par les groupes nationalistes allemands. Il existe en fait plusieurs groupes de cette obédience, mais aucun mouvement politique n'est assez radical pour provoquer un véritable renversement de l'État en Allemagne, si nécessaire par la force. Carter avait entendu un directeur de banque à Berlin parler d'un certain Hitler. Rockefeller lui-même avait lu un court essai dans une brochure germano-américaine sur le mouvement nationaliste dirigé par cet homme, Hitler (il disait « Heitler »). Il avait été décidé, lors de la réunion précédente, d'entrer en contact avec « cet homme Hitler » et d'essayer de savoir s'il était prêt à recevoir un soutien financier américain. La question m'était maintenant clairement adressée : serais-je prêt à me rendre en Allemagne, à entrer en contact avec lui et à entreprendre les démarches nécessaires pour obtenir cette aide financière ? Il fallait faire vite, car plus vite le groupe nationaliste en Allemagne serait constitué, mieux ce serait. Dans mes négociations avec Hitler, il faut insister sur le fait qu'on attend de lui une politique étrangère agressive, qu'il doit attiser la Revanche-Idée contre la France. Le résultat serait la peur du côté français, et par conséquent une plus grande volonté de demander l'aide américaine et anglaise dans les questions internationales impliquant une éventuelle agression allemande. Hitler ne doit naturellement pas connaître l'objectif de cette aide. Il fallait laisser à sa raison et à son ingéniosité le soin de découvrir les motifs de la proposition. Le sujet suivant de la conversation était que je devais découvrir auprès d'Hitler combien d'argent il avait besoin pour mener à bien une révolution complète de l'État allemand. Dès que je le saurais, je devrais indiquer à Carter, dans le code secret du Guaranty Trust, à quelle banque européenne le montant, à mon nom, devrait être envoyé, afin que je puisse ensuite le remettre à Hitler. J'ai accepté la mission. Pourquoi ? Quand on me pose cette question, je ne sais pas quoi répondre. En 1929, j'aurais peut-être répondu : parce que je ressens la même chose que Carter. Mais quand un homme sait-il s'il s'agit pour le bien ou pour le mal ? En fait, cette question n'est pas pertinente ici. Je raconte ce qui s'est passé avec ma participation.

Trois jours plus tard, je me trouvais à bord de l'Isle de France à destination de Cherbourg ; douze jours plus tard, j'étais à Munich. J'ai voyagé avec un laissez-passer diplomatique et des lettres de recommandation de Carter, Tommy Walker (qui n'était pas encore compromis à l'époque), Rockefeller, Glean et Hoover. Le monde diplomatique m'était aussi ouvert que la société, le monde bancaire et, enfin, les cercles gouvernementaux.

Hitler n'était pas facile à atteindre. Soit il était

lâche, soit il craignait de se faire oublier. Le consul américain à Munich n'a pas réussi à me mettre en contact avec le groupe nationaliste d'Hitler. J'ai ainsi perdu huit jours de travail. J'ai décidé de prendre les choses en main et je suis allé voir le maire de Munich, M. Deutzberg, avec une recommandation du consul américain. Le maire nous a promis que le lendemain, j'aurais un rapport sur la date à laquelle Hitler me recevrait, mais j'ai douté de sa parole. Il n'avait pourtant pas promis grand-chose, car le lendemain, une lettre amicale de Deutzberg est arrivée au portier de mon hôtel dans le courant de la matinée, indiquant le jour et l'heure où Hitler me recevrait dans la cave à bière. Je n'avais qu'à donner mon nom au serveur du café et on m'amènerait à Hitler. Tout cela me donnait l'impression de méthodes secrètes de la mafia. J'y suis allé et tout s'est déroulé comme prévu. Derrière l'immense hall de la cave à bière se trouve une pièce rouge, à l'ancienne, dans laquelle Hitler était assis entre deux hommes à une longue table. J'ai souvent vu cet homme en photo, mais même sans l'avoir vu dans des magazines, j'aurais su qu'Hitler était celui du milieu. Les trois hommes se sont levés, chacun s'est présenté, le serveur m'a apporté une grande chope de bière et j'ai pu commencer. Bien sûr, je ne voulais pas parler de ma mission en présence des deux compagnons. Je voulais une discussion confidentielle entre nous deux. Hitler a chuchoté avec les deux hommes et m'a dit d'un ton tranchant : « Ce n'est pas dans mes habitudes, mais si vous montrez que vous avez des références, j'y réfléchirai. » Je lui ai donné quelques lettres d'introduction. Il n'a pas tardé. Un seul regard sur les deux hommes suffit à les faire disparaître.

J'ai ensuite posé toutes mes lettres de référence sur la table et j'ai demandé à Hitler d'en prendre note. Après avoir lu les lettres, il m'a demandé si j'avais l'intention de rapporter ma conversation avec lui dans un journal américain. J'ai répondu par la négative. Cela l'a visiblement impressionné. « Je n'ai pas beaucoup d'estime pour les journalistes », a immédiatement déclaré Hitler. « Surtout les journalistes américains. » Je n'ai pas demandé pourquoi. Cela ne m'intéressait pas. Avec prudence, je lui ai posé plusieurs questions. J'ai obtenu à chaque fois une réponse évasive, au lieu d'un oui ou d'un non clair. Entre-temps, Hitler a fini son énorme chope de bière et a sonné. Immédiatement, le serveur qui m'avait fait entrer arriva et prit une commande. La nouvelle chope a dû lui délier la langue, car il est parti.

« Je trouve que les Américains sont les plus sympathiques de tous les étrangers. Ils ont été les premiers à nous aider après la guerre. L'Allemagne ne l'oubliera pas. Je parle d'une nouvelle Allemagne. Que pensez-vous de notre mouvement dans votre pays ? Notre programme de parti est traduit en anglais. Bientôt, le temps leur dira ce que nous voulons. Le peuple allemand souffre en esclavage à cause des réparations exigées par le traité de Versailles. La liberté n'existe plus pour les Allemands, que ce soit dans leur pays ou à l'étranger. Depuis 1918, nos gouvernements sont composés de lâches et de traîtres, tous corrompus. Le peuple a cru les nouveaux dirigeants. Les juifs et les marxistes sont les maîtres ici. Tout tourne autour de l'argent. La discipline et l'ordre n'existent plus. Le fonctionnaire allemand n'est pas digne de confiance. Une tragédie pour le pays... personne ne prospère sous cette populace. On ne peut rien attendre du Reichstag et du Landtag. Tous les partis politiques se livrent à des tractations honteuses et louches. Le gouvernement laisse les pays étrangers dicter ses lois, au lieu de montrer les dents et de réaliser que le peuple allemand est encore capable de résistance. Le peuple est bien meilleur que les gouvernements... Comment changer cela ? Nous menons une campagne de propagande intensive contre la trahison et le chantage. Nous n'avons pas plus de deux quotidiens et nos organisations locales ne cessent de se développer. Ils pensent entraver notre mouvement en interdisant les uniformes. C'est absurde. L'uniforme n'est rien sans l'esprit. Nous continuerons à travailler sur l'esprit du peuple, le mécontentement doit se répandre, le chômage doit augmenter, ce n'est qu'alors que nous pourrons progresser. Le gouvernement a peur, car nous avons prouvé que nous connaissons le bon chemin pour atteindre le cœur des gens. Nous offrons du travail et du pain. Nous pouvons aussi le donner, dès qu'un peuple éclairé se rendra compte qu'il a le droit de vivre et de prendre sa place parmi les nations. La

Reichswehr[2] s'est développée partout grâce à nos propres efforts et à nos divisions, dans le cadre d'une discipline stricte. Nous ne sommes pas assis sur une utopie de bâtards juifs et marxistes. Notre plate-forme est allemande et nous ne céderons pas d'un pouce ».

Hitler m'a fait une impression singulière. Ses pensées courtes et hachées, son bavardage, ses divagations confuses sans preuves sérieuses m'ont fait penser que cet homme était vide à l'intérieur, et qu'il pouvait provoquer une démagogie sauvage avec ses discours gonflés. J'ai parlé de l'organisation de son mouvement.

« Un fort esprit de solidarité anime notre mouvement. De nombreux chômeurs des grandes villes nous ont rejoints, de nombreux membres de la classe moyenne des petites régions et de nombreux agriculteurs de la Platten Lande. Nos gens donnent le peu qu'ils ont pour faire vivre notre mouvement. La malhonnêteté et la trahison sont impossibles, car je tiens tout en main. La formation exemplaire de nos gens attire automatiquement toutes les finances vers le point central ici à Munich, et je suis ce point central… »

« La force ? Mais c'est une évidence. Un grand mouvement ne peut pratiquement pas se développer

---

[2] Armée nationale allemande.

sans force. Le bavardage stupide des pacifistes est tout simplement risible. Ces gens-là ne vivent pas. La vie, c'est la force. La vie, c'est la force. Regardez la nature, regardez le monde animal, là, la seule loi est la loi du plus fort... à l'égard des pays étrangers ? Il ne peut en être autrement. Je veux bien laisser de côté l'Amérique, mais pas les autres pays. Pensez-vous que l'Allemagne récupérera ses colonies sans recourir à la force, ou l'Alsace-Lorraine, ou les immenses territoires polonais, ou Dantzig ?... L'argent ? C'est la question cruciale ; l'argent ne peut être gagné que lorsque le peuple allemand est libre d'établir sa stabilité économique, alors nous pouvons saisir l'occasion la plus favorable pour lutter pour nos droits avec la force de nos armes... La France est notre ennemie, les autres anciens alliés sont nos concurrents, c'est une distinction importante... L'escroquerie des banques juives doit cesser. Les spéculateurs de Galicie réduisent les revenus de la classe moyenne. Les grands magasins écrasent les petits commerçants... Les impôts et les loyers doivent être réglementés et supprimés... "Hitler enfonce sa main dans l'ouverture de sa chemise brune. « Voici notre programme. Vous y trouverez tout ce que nous avons prévu. »

Il était temps pour moi d'évoquer l'objet de ma visite. Il ne me laisse pas parler. « Des difficultés ? Bien sûr qu'il y a des difficultés, mais elles ne me gênent pas. J'ai fait de la libération du peuple allemand le but de ma vie, et je gagnerai ou je serai ruiné. Notre plus grande difficulté est que le peuple est devenu apathique après des années de négligence. C'est pourquoi nous avons besoin d'une propagande forte et convaincante, qui réveille les esprits. Une telle propagande coûte de l'argent... Non, nous ne pouvons pas exiger de nos membres des cotisations élevées, j'ai déjà dû les baisser parce que beaucoup ne pouvaient pas se les permettre... Il y a de la sympathie pour notre mouvement dans certains cercles, surtout parmi la noblesse. Ces sympathies ne sont pas pures, cependant, et nous ne sommes pas sûrs d'elles. Je ne veux pas être le serviteur du mouvement monarchiste en Allemagne. Tous les aristocrates ici sont infectés de sentiments monarchistes, et je ne les laisserai pas entrer dans le mouvement pour cette raison, sans être certain de leur conviction. Nous ne pouvons pas encore compter sur la sympathie des grands capitalistes, mais ils devront nous soutenir lorsque le mouvement sera devenu puissant. Que pensent les Américains de notre mouvement ? ».

L'interprétation américaine de son parti semblait intéresser Hitler tout particulièrement. Je lui ai donné la même réponse que précédemment, à savoir que nous, en Amérique, en savions trop peu sur ses efforts pour nous faire une opinion. Il a de nouveau évoqué les difficultés. « Il y a beaucoup de travailleurs qui sont sensibles à notre propagande, mais leurs propres intérêts les empêchent de rejoindre le mouvement. Les syndicats sociaux-démocrates disposent de fonds considérables. Par les temps qui courent, il est naturellement presque impossible pour beaucoup de ne pas payer leurs cotisations aux syndicats. Nous cherchons les moyens d'attirer dans notre mouvement des éléments sympathisants des syndicats. Ils peuvent nous rendre un service utile en influençant l'esprit de leurs collègues. En ce moment, je travaille sur un grand projet pour notre propre bureau de presse ici à Munich, et un bureau d'édition avec des succursales à Berlin, Hambourg, et une ville sur le Rhin. Nous n'avons pas encore travaillé sur l'Allemagne du Nord, mais les provinces rhénanes sont en route. La Bavière est généralement bien accueillie, de même que la Saxe. »

Il devenait de plus en plus difficile de mener à bien ma mission. Hitler semblait aimer s'entendre parler, et lorsque j'essayais de placer un petit mot qui pourrait mener au but de ma visite, il changeait de sujet. Il continua…

« Le président Hindenburg n'est pas favorable à notre mouvement, mais il ne s'opposera certainement pas à la volonté du peuple le moment venu. La clique d'aristocrates qui l'entoure a peur de la montée en puissance du peuple allemand, car nous pouvons exiger qu'ils rendent compte de leur position faible et lâche à l'égard des pays étrangers et des capitalistes juifs, » Soudain, il s'est tu, m'a regardé longuement, puis a dit d'un ton acide : « Êtes-vous aussi juif ? Non, heureusement, certainement d'origine allemande. Oui, je le vois à votre nom ». J'eus alors l'occasion d'évoquer les difficultés du mouvement hitlérien, et j'en vins directement au plan d'aide financière.

« Si c'était possible, il n'y aurait rien que nous ne puissions réaliser. Notre mouvement mourra sans armes. On peut nous enlever les uniformes, mais nos principes se répandront. Mais nous avons besoin d'armes... Faire des affaires ne me dérange pas, et je peux trouver des armes partout avec de l'argent. Nous avons créé une école d'armement ici, à Munich, et elle est très appréciée par le mouvement. »

C'est à ce moment-là que j'ai présenté ma proposition soigneusement formulée et que j'ai demandé à Hitler d'en estimer le montant. Cela semblait le rendre perplexe. Il a sonné. Conversation à voix basse avec le serveur. Hitler joue nerveusement avec son carnet, apparemment plongé dans ses pensées. Un homme grand et mince d'une quarantaine d'années, à l'allure militaire dans un uniforme marron, entre. Hitler lui a proposé de s'asseoir à côté de lui. Je n'ai pas été présenté. Sans préambule, Hitler lui a demandé combien il fallait pour répandre le mouvement de manière intensive dans toute l'Allemagne.

« Nous devons tenir compte des régions du Nord et du Rhin. Nous devons nous rappeler que nous pouvons faire beaucoup en aidant les chômeurs qui sont encore membres de syndicats, et nous ne pouvons pas oublier combien nous avons besoin pour réaliser complètement nos plans pour Storm-Detachments. L'armement coûte cher et les contrebandiers exigent des prix élevés ». Von Heydt prit un long crayon sur la table et commença à dessiner au dos d'une assiette de bière. Hitler appuya un bras sur sa chaise et suivit ses calculs. Puis il prit l'assiette de von Heydt et le remercia d'un ton qui signifiait clairement qu'il devait nous laisser tranquilles. « N'oubliez pas qu'il n'est pas facile pour nous de faire un calcul dans les circonstances qui sont les nôtres. Tout d'abord, j'aimerais savoir jusqu'où vos bailleurs de fonds sont prêts à aller, et ensuite, s'ils continueront à nous soutenir une fois que la somme initiale aura été dépensée. Von Heydt a fait ici un calcul avec lequel je suis fondamentalement d'accord, mais je voudrais d'abord savoir ce que vous pensez de ces deux points ; ensuite, un autre problème est que nous avons basé notre estimation sur des plans existants alors qu'il y en a encore beaucoup d'autres à l'étude qui seront mis en œuvre une fois que les premiers auront été achevés. Je pense notamment à la formation et à l'entraînement de nos détachements à l'utilisation des planeurs, ainsi qu'aux uniformes pour les chômeurs — l'interdiction des uniformes est inoffensive — et à d'autres plans encore. »

Je n'ai bien sûr pas pu lui répondre et j'ai précisé une fois de plus que cette première rencontre visait avant tout à établir un contact. Ses questions sur le montant de l'aide financière dépendraient de la question de savoir si mes bailleurs de fonds fourniraient effectivement l'aide financière, et ce n'est qu'à ce moment-là qu'une limite maximale pourrait être déterminée. Cela n'a pas eu l'air de plaire à Hitler, ou alors il a trouvé cela trop compliqué, car il m'a redemandé avec anxiété si j'avais personnellement une idée du montant à lui donner. Je n'ai pas pu répondre à cette question non plus. Je m'attendais à ce qu'il demande maintenant pourquoi les Américains faisaient cette offre de soutien financier, mais il demanda quelque chose de tout à fait différent. 'Quand pourrais-je recevoir l'argent ? J'avais une réponse à cette question — je supposais que dès que New York recevrait mon rapport télégraphié, ils prendraient rapidement des mesures pour envoyer l'argent à l'Allemagne s'ils pouvaient se mettre d'accord sur le montant. Il m'interrompit à nouveau. « Non, pas en Allemagne, c'est trop dangereux. Je ne fais pas confiance à une seule banque allemande. L'argent doit être déposé dans une banque étrangère, où je pourrai alors en disposer. » Il regarda à nouveau les chiffres sur la plaque et dit impérieusement, comme s'il donnait un ordre strict : « Cent millions de marks » : 'Cent millions de marks.

Je n'ai pas montré mon étonnement face à sa cupidité, mais je lui ai promis de télégraphier à New York et de lui donner la réponse de mes bailleurs de fonds dès que possible. Il ne voulut rien entendre. « Dès que vous aurez reçu le rapport de l'Amérique, écrivez à von Heydt, dont l'adresse est Lutzow-Ufer 18, Berlin. Il vous contactera pour vous donner d'autres instructions. » Hitler se leva et me tendit la main, ce qui signifiait clairement que je devais partir.

En rentrant à l'hôtel, j'ai calculé que cent millions de marks représentaient environ vingt-quatre millions de dollars. Je doutais que Carter & Co. soient prêts à investir autant d'argent dans un mouvement politique européen. J'ai finalement conclu que c'était à eux, à New York, de décider, et j'ai envoyé un bref résumé en code secret de la conversation que j'avais eue avec Hitler.

Le lendemain soir, je me suis rendu à une réunion du parti national-socialiste au Circus. Le matin même, j'avais reçu une invitation à y aller. Hitler y prendrait lui-même la parole, suivi d'un certain Falkenhayn. Je remarquai à nouveau la vacuité de son raisonnement, comme je l'avais fait lors de notre conversation. Jamais de logique, des phrases courtes et fortes, abruptes et criées, une tactique politique de démagogie, un rabâchage persistant. J'ai sympathisé avec les journalistes qui étaient là pour rédiger des rapports pour leurs journaux. Il me semblait qu'un tel discours ne pouvait pas faire l'objet d'un rapport. Hitler n'a pas parlé du mouvement, ni de la plate-forme, ni des réformes que lui et ses partisans comptaient mettre en œuvre. Il a attaqué tous les gouvernements depuis 1918, les grandes banques, les communistes, les sociaux-démocrates, les Juifs, les grands magasins. Son discours est truffé de mots tels que traîtres, voleurs, assassins, hommes sans scrupules, répresseurs du peuple, ceux qui salissent l'esprit allemand, etc. Il ne mentionne aucun fait. Il n'a mentionné aucun fait. Il est toujours resté vague et général, mais... cela a fonctionné. Plus tard, j'ai appris qu'après cette soirée, environ 130 personnes étaient devenues national-socialistes. J'ai eu l'impression que le discours de Falkenhayn servait à calmer l'assistance après les propos incendiaires d'Hitler. Aride et presque incompréhensible, Falkenhayn voulait prouver que la Russie soviétique était un danger pour le monde, qu'il ne pouvait être question d'une union de tous les socialistes et que le mouvement hitlérien était le premier parti à instaurer un véritable socialisme. Son succès fut modéré.

Je n'ai pas eu de nouvelles de Carter avant le troisième jour. Une réponse courte, également en code secret. Dix millions de dollars ont été mis à disposition. Il me suffisait de télégraphier à quelle banque en Europe je voulais que l'argent soit envoyé, en mon nom. Carter & Co. pensait manifestement comme moi que vingt-quatre millions de dollars, c'était trop d'argent à jeter au vent. J'écrivis immédiatement à von Heydt et le lendemain, je reçus un appel téléphonique de sa part à Berlin. Il m'a donné rendez-vous à mon hôtel.

Le soir même, von Heydt est venu à Munich accompagné d'un homme à l'allure peu distinguée, qui m'a été présenté sous le nom de Frey. Je les reçus dans ma chambre et les informai que New York était prêt à donner dix millions de dollars à une banque européenne, en mon nom. J'en disposerai ensuite selon les souhaits d'Hitler. Le paiement et le transfert de l'argent doivent être réglés avec soin. Je n'ai pas compris tout de suite de qui il s'agissait, mais lorsque j'ai continué à prononcer le nom d'Hitler à plusieurs reprises, le petit Frey m'a corrigé assez vivement en disant à chaque fois : 'Vous voulez dire le « Führer »'. Plus tard, j'ai remarqué à plusieurs reprises que le nom d'Hitler n'était jamais prononcé dans les cercles nationaux-socialistes, mais qu'on l'appelait toujours le « Führer ». Cela ne faisait aucune différence pour moi. Le « Führer » alors, si c'est ce qu'ils veulent.

J'ai attendu à Munich un rapport de von Heydt, et deux jours plus tard, une lettre m'est parvenue annonçant sa visite. Lui et Frey se présentèrent à nouveau à mon hôtel. Les conditions suivantes m'ont été imposées : Je devais télégraphier à New York pour lui demander de mettre dix millions de dollars à ma disposition à la banque Mendelsohn & Co. d'Amsterdam. Je devais me rendre moi-même à Amsterdam et demander à ce banquier d'émettre dix chèques d'un million de dollars chacun, d'une valeur équivalente en marks, en faveur de dix villes allemandes. J'endosserais ensuite les chèques en les signant à dix noms différents que von Heydt, qui voyagerait également avec moi à Amsterdam, me fournirait sur place. Je pourrais alors retourner en Amérique depuis la Hollande. J'avais l'impression qu'ils me dictaient une telle procédure parce qu'ils voulaient que je disparaisse d'Allemagne le plus rapidement possible. Je ne soulevai aucune objection à ces conditions et tout se déroula comme von Heydt l'avait prévu.

J'ai été confronté à deux événements inhabituels à Amsterdam. Dans les bureaux de Mendelsohn & Co. j'ai été reçu avec une politesse inhabituelle après avoir demandé un rendez-vous avec le directeur, et von Heydt, qui se tenait à côté de moi au guichet, a été traité par les fonctionnaires inférieurs et supérieurs comme s'il était le meilleur client de la banque. Lorsque la transaction fut terminée et qu'il eut les dix chèques dans sa mallette, il me demanda de l'accompagner au consulat allemand. Là aussi, nous avons été reçus avec une déférence et une obéissance qui prouvaient la forte influence de von Heydt. De Southampton, j'ai pris l'Olympia pour retourner à New York. Je me suis rendu dans les bureaux de Guaranty Trust pour remettre immédiatement un rapport à Carter. Il me demanda d'attendre et de revenir dans deux jours pour présenter mon rapport complet lors d'une session plénière. Les mêmes hommes étaient présents qu'en juillet, mais cette fois un représentant anglais était là, assis à côté de Glean de la Royal Dutch, un homme nommé Angell, l'un des dirigeants de l'Asiatic Petroleum Co.

Carter était d'avis qu'Hitler était l'homme qui prenait des risques. Ils pensaient tous que vingt-quatre millions de dollars étaient importants, mais j'avais l'impression qu'ils faisaient confiance à la détermination et à la certitude d'Hitler en raison de l'importance du montant. Rockefeller a montré un intérêt inhabituel pour les déclarations d'Hitler sur les communistes, et lorsque j'ai cité quelques lignes du discours que j'avais entendu à Munich, il a dit qu'il n'était pas surpris que Hitler ait demandé vingt-quatre millions. On m'a demandé si j'avais appris comment Hitler avait l'intention d'armer les nationaux-socialistes, et s'il préférait travailler par la voie parlementaire ou dans la rue. Je n'ai pu répondre que vaguement, mais mon opinion personnelle était qu'Hitler, confiant dans son propre leadership, prendrait tout ce qu'il pourrait, et qu'il considérait cela comme le travail de sa vie, soit qu'il gagne, soit qu'il échoue complètement. Carter m'a ensuite demandé quelle était la position d'Hitler par rapport à la monarchie, si Hitler était finalement déterminé à remettre le Kaiser sur le trône. J'ai répondu en citant Hitler.

Je ne sais pas si d'autres sommes d'argent en provenance d'Amérique ont été remises à Hitler en 1929 et 1930 ; si c'est le cas, c'est qu'un autre intermédiaire a été engagé.

Il est un fait que quelques semaines après mon retour d'Europe, les journaux de Hearst ont montré un intérêt inhabituel pour le nouveau parti allemand. Même le New York Times, le Chicago Tribune, le Sunday Times, etc. publiaient régulièrement de brefs comptes rendus des discours d'Hitler. Alors que la politique intérieure allemande n'avait guère suscité d'intérêt auparavant, le programme du mouvement hitlérien faisait souvent l'objet de longs articles qui suscitaient l'étonnement. En décembre 1929, une étude approfondie du mouvement national-socialiste allemand parut dans une publication mensuelle de l'université de Harvard, dans laquelle Hitler était glorifié comme le sauveur de l'Allemagne et se voyait attribuer pour la première fois le titre de « nom montant en Europe ».

1931

J'ai juré de ne plus m'étendre sur les relations financières internationales. Ce serment était trop hâtif. Je dois évoquer encore quelques incidents qui se sont déroulés sur les marchés boursiers de Londres et de New York, afin de donner une image plus claire de ce qui suit. Ce n'est pas romantique, cher lecteur, mais plains-toi à ceux qui font l'histoire, pas à moi.

En septembre 1931, la Banque d'Angleterre abandonne l'étalon-or. Cela signifie beaucoup pour un pays dont le monde financier considère l'or comme la base de son économie et qui, par conséquent, pratique la théorie de l'or. Depuis l'époque du grand Kent, l'Angleterre a utilisé l'or comme critère de son système financier, à l'exception d'une courte interruption entre 1915 et 1921. Ce changement de principe et de pratique en Angleterre a eu de grandes conséquences en Amérique. La valeur des énormes dépôts d'or dans les banques fédérales de réserve a été considérablement réduite. Mais ce n'est pas la conséquence la plus grave ressentie sur le marché boursier de New York. L'Amérique craignait bien plus de mettre en péril le dollar. On craignait que le dollar ne suive le même chemin que la livre sterling.

Les milieux financiers américains savaient que le déclin de la livre sterling était le résultat d'une tactique française visant à affaiblir Londres sur le plan financier, afin d'empêcher toute nouvelle aide à l'Allemagne. La position de New York en 1931 n'était pas très différente de celle de Londres en 1929 et 1930, c'est pourquoi l'Amérique craignait d'être laissée sans protection par les mêmes tactiques françaises au cas où Londres coopérerait avec la France. Les financiers français ont prouvé depuis 1926 qu'ils étaient d'habiles manipulateurs. Poincaré est le plus grand génie financier de cette époque. Auparavant, les financiers et les experts américains et anglais considéraient leurs collègues français avec un mépris confiant. Les années 1926 et 1931, ainsi que la période intermédiaire, nous ont appris que nous pouvions apprendre beaucoup du monde financier français. J'en donnerai peut-être plus tard la preuve aux lecteurs sceptiques. Mais cela n'entre pas dans le cadre de référence de ce livre. New York était tendue.

Cette tension s'est transformée en inquiétude — la même chose s'était produite à Londres quelques années plus tôt — d'énormes expéditions d'or ont été effectuées de New York vers l'Europe, et il semble que ces expéditions étaient destinées en grande partie à la France. Ce n'est pas tout à fait certain. Au début, nous nous sommes réjouis de ces expéditions d'or, car nous avions depuis longtemps renoncé à croire à la légende financière selon laquelle d'énormes réserves d'or sont synonymes de bien-être pour un pays. Mais les Français y croyaient encore. Lorsque, à la fin du mois de septembre 1931 et au début du mois d'octobre 1931, 650 à 700 millions de dollars d'or ont été expédiés en Europe en trois semaines, nous avons commencé à nous inquiéter. Il s'agit ici de ce que l'on appelle des particuliers, des expéditions partielles. Les dépôts d'or du gouvernement français se trouvaient encore dans les banques de la Réserve fédérale. Ils étaient estimés à 800 millions de dollars à la fin du mois d'octobre. Si ce montant était demandé, que se passait-il ? Bien sûr, nous étions prêts à la payer, mais cela aurait provoqué une panique aux Etats-Unis, et la fuite du dollar serait devenue une réalité. La France avait donc entre les mains la clé de la situation du dollar.

Revenons quelques semaines en arrière. Hoover avait accordé une interview à un rédacteur du Chicago Tribunes, à l'époque. Inconsciemment, Hoover et le rédacteur en chef font le jeu de la France. Très peu de dirigeants possèdent une vision financière internationale. Savez-vous qu'un Rockefeller, un Wanamaker, un Harding, fils du défunt président, et je dirai calmement, même Hoover, sont tous puérilement ineptes et naïfs dans ce domaine ? Je connais également des hommes d'État de pays européens qui en savent tout aussi peu sur la finance et l'économie internationales. Il ne s'agit pas d'un phénomène spécifiquement américain.

Allons plus loin. Hoover a fait part à l'éditeur de son intention de faire très prochainement des propositions radicales concernant les réparations à l'Allemagne et le règlement des dettes de guerre entre tous les Etats. Il ressort des informations données par le rédacteur en chef qu'il était possible pour Hoover de proposer l'annulation du paiement des réparations. La plupart des Américains sont stupéfaits par cette proposition. Mais la France était sur le qui-vive. Je ne sais pas si, en octobre 1931, Hoover, de sa propre initiative, a demandé à Laval de venir à Washington, ou si Laval s'est invité lui-même. Dans les cercles financiers de Wall Street, on croyait à la seconde hypothèse. Laval se rendait donc à Washington, mais à l'improviste, deux financiers français sont arrivés à New York le 15 octobre, le jour même de l'arrivée de Laval. Il s'agit de Farnier, gouverneur-délégué de la Banque de France, et de Lacour-Gayet, ancien attaché financier de l'ambassade de France à Washington. Ils contactent immédiatement les dirigeants des banques fédérales de réserve, qui font intervenir deux représentants du département du Trésor. De nombreuses rumeurs ont circulé sur le contenu de cette réunion. Je sais par Carter ce qui a été généralement évoqué. Il n'a jamais révélé beaucoup de détails. J'en ai déduit que les négociations n'étaient pas toujours amicales. Les Français étaient venus à New York pour décider, avec les banques de la Réserve fédérale, de ce qui pouvait être fait à New York. Ils estimaient que le gouvernement français avait perdu plusieurs millions à la suite de la chute de la livre sterling et de la renonciation de Londres à l'étalon-or. La faiblesse du dollar avait provoqué des troubles à Paris et ils voulaient s'assurer qu'ils ne subiraient pas de nouvelles pertes à cause du dollar. Ils voulaient savoir ce qui était fait pour soutenir le dollar. Bien entendu, les énormes expéditions d'or vers l'Europe ont été mentionnées, ainsi que l'énorme dépôt français dans les banques de la Réserve fédérale. Les Français étaient prêts à transférer la somme de 200 millions de dollars, une somme qui, selon les calculs français, était encore déposée dans des banques privées américaines, aux banques de la Réserve fédérale, renforçant ainsi sa position. Les Français ont toutefois posé des conditions :

1. Les banques fédérales de réserve doivent garantir un taux de change minimum sur le dollar, applicable aux comptes français aux États-Unis ;
2. Le taux d'intérêt pour ces sommes devrait être relevé à 4,5 % ;
3. Il conviendrait de déterminer un montant minimum que la France laisserait aux États.

Comme les Américains n'étaient pas immédiatement prêts à accepter ces conditions, les Français révélèrent nonchalamment que même si l'accord qu'ils, Lacour-Gayet et Farnier, allaient passer avec les banques de réserve fédérales était d'une grande importance, il n'était qu'une partie d'un accord général que Laval réglerait quelques jours plus tard à Washington. Ils ont vendu la mèche. Il était clair que Laval devait dissuader Hoover de mettre en œuvre ses projets de réparations et de régulation des dettes, et qu'il devait utiliser les fonds gouvernementaux déposés à la

S.A. pour forcer le Président à renoncer à ses projets. Nul ne peut dire quel fut le résultat de ces négociations, tant à New York qu'à Washington. Le monde bancaire new-yorkais résiste obstinément à l'idée que les Etats se vendent aux intérêts français sur le territoire international pour la somme de 800 millions de dollars — les fonds français en Amérique. Il est cependant avéré que Hoover a promis à Laval de ne rien entreprendre sur la question de la reconstruction et de la régulation des dettes sans consulter au préalable le gouvernement français. Lorsque Wall Street l'a appris, Hoover a perdu d'un seul coup le respect de ce cercle. Même les élections qui ont suivi en ont été affectées — beaucoup pensent que l'échec de la réélection de Hoover est dû à cette affaire. On oublie que Hoover se trouvait au cœur d'une situation difficile. D'un côté, le monde bancaire américain, avec à sa tête les banques de la Réserve fédérale, qui représentaient l'opinion selon laquelle l'Am Erica pouvait facilement se passer du dépôt français si la France en abusait pour exercer une influence morale sur le gouvernement américain dans le domaine de la politique internationale. De l'autre côté, le Département du Trésor, dont les dirigeants feraient tout pour éviter une panique du dollar, en rappelant le précédent anglais.

En octobre 1931, la situation était tendue à Wall Street et l'atmosphère était inquiétante. À la fin du mois, j'ai reçu la lettre suivante d'Hitler à Berlin :

Notre mouvement se développe rapidement dans

toute l'Allemagne, mettant à rude épreuve notre organisation financière. J'ai utilisé l'argent que vous m'avez procuré pour construire le parti et je me rends compte maintenant que je devrai quitter le pays dans un délai prévisible si de nouvelles recettes ne me sont pas fournies. Je n'ai pas accès à d'énormes sources financières gouvernementales, comme le font nos ennemis les communistes et les sociaux-démocrates, mais je suis entièrement dépendant des contributions des partis. Il ne me reste plus rien de ce que j'ai reçu. Le mois prochain, je dois entamer la dernière grande action qui nous amènera au pouvoir en Allemagne.

Beaucoup d'argent est nécessaire. Je vous demande de me faire savoir immédiatement combien je peux compter sur vous.

Deux choses m'ont frappé dans cette lettre. C'était la première fois qu'Hitler utilisait le mot « parti » avec moi. Le ton de sa lettre était plus celui d'un commandement que celui d'un requérant. Bien que la lettre soit datée de Berlin, elle est arrivée dans une enveloppe postée à New York avec un timbre américain. Hitler devait déjà avoir des partisans aux États-Unis, et plus précisément à New York.

Le lendemain, j'étais chez Carter et je lui ai donné la lettre. Carter était le chef de file de l'opposition au comportement de « vieilles femmes » du gouvernement, comme il l'appelait, concernant les exigences françaises. La nouvelle du revirement de Hoover l'avait tellement irrité qu'il avait déversé sa fureur au sujet de la France à qui voulait bien l'entendre. Carter était un homme de tempérament. Il a lu la lettre d'Hitler et s'est mis à rire, puis il a juré et s'est traité d'idiot. Il m'a dit : « Nous sommes vraiment des imbéciles. Depuis 1929, nous n'avons pas pensé à cet homme, Hitler. Pendant tout ce temps, nous avions entre les mains les moyens d'abattre la France et nous ne les avons pas utilisés. Attendez, nous allons tenir une réunion ici cet après-midi, et j'essaierai de joindre Montagu Norman de la Banque d'Angleterre, qui est ici à New York. S'il vient, nous pourrons jouer nos atouts. Il faut que tu viennes aussi, bien sûr. »

La réunion qui s'est tenue dans les bureaux de la Guaranty Trust Co. a attiré un grand nombre de participants. Je ne peux l'expliquer que par le fait que la situation tendue du marché boursier de New York exigeait la présence de ses dirigeants et que Carter les avait tous rejoints facilement. Les avis étaient partagés. Rockefeller, Carter et McBean étaient les hitlériens, si je puis dire, et les autres hésitaient. Tout d'abord, Montagu Norman devait être informé des événements de 1929. Il trouvait la somme de dix millions de dollars pour financer un mouvement politique très élevée, une opinion que les autres ne comprenaient pas, car il était bien connu que les partis politiques en Angleterre dépensaient des sommes énormes pour la propagande. Glean de Royal Dutch partage l'avis de Montagu Norman. Il ajoute qu'il y a peu d'agressivité contre la France dans les publications du mouvement hitlérien. Il estime qu'Hitler est une grande gueule et qu'il n'agira jamais. Il remarque également que Hitler a manifestement transformé son « mouvement » en « parti », une transformation qui accordera une grande importance à ses efforts parlementaires. Glean termine son commentaire en disant qu'il y a eu suffisamment de discussions, en Allemagne plus qu'ailleurs, et qu'un homme comme Hitler jouera le jeu avec la majorité de ses partisans au Reichstag sans rien changer à la situation existante. Carter et Rockefeller se sont opposés à ce point de vue, affirmant que même si Hitler obtenait une majorité au parlement, il ne pourrait être dissuadé de respecter la plate-forme qui le lie au peuple allemand, et qu'il était obligé d'utiliser ce qu'il avait écrit et évoqué comme la seule méthode pour sortir le pays de cette période difficile. Il doit descendre dans la rue avec ses partisans tout en poursuivant ses efforts parlementaires, s'il ne veut pas perdre son immense soutien. Il a finalement été convenu qu'en principe, Hitler devait être aidé davantage, mais que quelqu'un devait être directement informé de la situation en Allemagne et au sein du parti d'Hitler avant que le montant ne soit déterminé.

On m'a demandé si j'étais prêt à accepter cette mission et à télégraphier le montant à Carter comme auparavant, puis à le céder à l'Europe de la même manière qu'en 1929, ou de la manière qui me semblerait la meilleure.

Je n'ai pas pu me libérer immédiatement de mes propres affaires et, après dix jours, je me suis rendu en Europe.

Beaucoup de choses ont changé en Allemagne depuis 1929. Le mouvement national-socialiste, dont le « Führer » m'avait reçu dans une cave à bière en 1929, avait atteint les hautes sphères de la société et avait son siège dans la même ville, dans l'un des plus beaux immeubles du meilleur quartier. Les nationaux-socialistes avaient leurs propres maisons partout, dans les villes de Berlin, Hambourg, Francfort, Düsseldorf, Cologne, deux gardiens en uniforme se tenaient toujours devant chacune d'elles, jour et nuit, comme devant une caserne.

J'ai vu de nombreux passants saluer les gardiens d'un mouvement du bras semblable au salut fasciste, chacun criant simultanément « Heil Hitler ». Il n'était pas nécessaire d'étudier beaucoup pour constater que le nombre de partisans d'Hitler avait énormément augmenté depuis 1929. J'ai pu écourter mon voyage à travers l'Allemagne, car j'ai vu partout la même image. Le samedi après-midi et le dimanche, dans la plupart des villes, la majorité des jeunes gens portaient l'uniforme et marchaient en formations qui ne différaient guère des groupes militaires. Il est vrai qu'il y avait des différences entre les uniformes, mais la plupart étaient bruns et noirs. La croix gammée, emblème du parti hitlérien, est omniprésente. Même les femmes portaient des croix gammées sur le bord de leur sac à main — la vendeuse du magasin de cigares de Berlin, où je faisais régulièrement mes courses, portait une énorme croix gammée sur un fin collier. Il ne s'agissait pas d'une simple décoration, l'intention d'afficher une conviction était évidente. J'ai discuté avec un directeur de banque à Hambourg que j'avais bien connu dans le passé. Il s'est laissé séduire par Hitler et a avoué qu'auparavant, il faisait davantage confiance au parti nationaliste allemand, mais qu'à présent, il doutait de son succès parce que des monarchistes le contrôlaient et que le peuple allemand n'avait pas oublié la trahison de la famille impériale en 1918. Il m'était difficile de prendre son opinion au sérieux, car il était juif. J'avais besoin d'une explication et je lui ai donc demandé comment il était possible, en tant que Juif, de sympathiser avec le parti d'Hitler. Il a ri. « Hitler est un homme fort, et c'est ce dont l'Allemagne a besoin. Les compromis et les hésitations doivent enfin prendre fin. Le peuple allemand n'est pas assez mûr pour la démocratie. Lorsque le Kaiser gouvernait mal le pays et qu'il était seul responsable de l'administration, personne ne s'y opposait, chacun remplissait sa tâche, comprenait son devoir. Les Allemands sont bien différents des Anglais et des Américains. Ils doivent avoir quelqu'un qu'ils peuvent admirer, puis ils feront tout ce qu'on leur ordonne simplement parce que c'est l'homme fort qui donne les ordres. Ils n'ont jamais eu que du mépris pour un Ebert, même les sociaux-démocrates, et en ce qui concerne Hindenburg, ils le respectent, mais regrettent qu'il ne puisse pas agir en tant que régent dans le vrai sens du terme. Depuis 1918, nous avons eu des chanceliers qui étaient des roturiers, qui avaient atteint le sommet de l'échelle par la politique. Personne ne les respectait. Un prince de sang pur opposé au Kaiser aurait fait un bon chancelier ». J'ai fait remarquer qu'Hitler avait lui aussi des origines modestes.

« Bien sûr, mais c'est une autre histoire. Hitler s'est construit tout seul et n'a pas rampé dans un parti politique pour atteindre ses objectifs, mais a créé son propre parti à partir de rien. Vous verrez qu'Hitler est en pleine ascension. Cela ne durera qu'un an, puis il sera l'homme de la situation. Il a commencé dans les tranchées et finira en dictateur ». Je posai à nouveau la question de savoir comment mon informateur, en tant que juif, pouvait être membre du parti hitlérien. Il m'a répondu d'un revers de main : « Par juifs, Hitler entend les juifs de Galicie. « Hitler entend par juifs les juifs galiciens qui ont pollué l'Allemagne après la guerre. Il reconnaît les Juifs de pure origine allemande comme égaux aux autres Allemands et, le moment venu, il ne nous dérangera en aucune façon. Il ne faut pas non plus oublier que les Juifs contrôlent à la fois le parti social-démocrate et le parti communiste. Il devra les gagner, non pas parce qu'ils sont juifs, mais parce qu'ils sont communistes ou sociaux-démocrates ». J'ai ajouté qu'Hitler était toujours opposé au capital des banques juives, je peux même dire qu'il était opposé aux banques en général. Mon informateur m'a trouvé très naïf. Il a ajouté que le programme d'Hitler ne pouvait pas être respecté sur tous les points, et Hitler le savait très bien. « Il doit faire des demandes irréalisables pour gagner les masses, et c'est certainement la moindre des choses qui devrait nous inquiéter. Quand Hitler arrivera au pouvoir, il n'aura plus à se soucier autant des masses ; il sera alors assez fort pour faire passer tout ce qu'il veut ».

Deux jours plus tard, j'ai parlé à un magnat de l'industrie. Il était lui aussi adepte du national-socialisme. J'ai également lu tous les journaux et j'ai essayé de faire un résumé cohérent des courants politiques dans la presse allemande ; j'ai conclu que le parti national-socialiste était le plus actif, qu'il s'était enraciné dans toutes les couches de la population et que l'opposition des communistes, des sociaux-démocrates et d'autres partis était tiède et absolument pas coordonnée.

Je suis de plus en plus convaincu qu'Hitler n'est pas en train de faire des expériences, mais qu'il veut atteindre un objectif clairement défini, soutenu par la majorité du peuple allemand. Il était temps pour moi de contacter Hitler et j'ai écrit à l'adresse berlinoise qu'il m'avait donnée, et j'ai pris une chambre à l'hôtel Adlon. Le lendemain, alors que je lisais des journaux dans le hall de l'hôtel, on m'a appelé au téléphone. Une voix, très probablement celle d'une femme, me demanda si je serais à mon hôtel le soir, et fit référence à une lettre que j'avais adressée au « Führer ».

J'ai reçu von Heydt et un nouveau venu dans ma chambre. Il m'a été présenté comme étant Luetgebrunn. Après une brève déclaration de von Heydt, Luetgebrunn a commencé à parler. On aurait dit qu'il faisait un discours préparé, il jetait de temps en temps un coup d'œil sur une liasse de notes.

« Nos activités avec les chômeurs ont réussi contre toute attente, mais elles coûtent beaucoup d'argent. Notre organisation est militaire et n'est donc pas bon marché. Nos maisons dans différentes villes sont toutes aménagées comme des casernes, nos gens y dorment, y mangent, tout est aux frais du parti. Nous fournissons des uniformes, ceux qui ont de l'argent les achètent, mais les chômeurs ne doivent pas être chassés par le coût de l'équipement. C'est pourquoi nous sommes obligés de donner gratuitement des uniformes et d'autres équipements à nos membres sans emploi. Certains de nos véhicules de transport appartiennent à des membres du parti, mais nous avons dû fournir nos propres camions et autres moyens de transport dans les régions où nous n'avons pas beaucoup de partisans. Certains membres du parti ne peuvent pas nous prêter leurs camions parce qu'ils ont peur de perdre des clients. Il faut aussi penser aux armes. Nous devons acheter nos armes à des contrebandiers et leurs exigences sont élevées. Nous avons nos postes d'achat aux frontières de l'Autriche, des Pays-Bas et de la Belgique, mais les armes sont souvent confisquées par les autorités, des milliers sont perdus et nous devons tout recommencer. Nous n'avons pas établi de contact direct avec les usines d'armement ; la seule avec laquelle nous sommes en contact est la F. N. Fabrik en Belgique, mais la quantité qui nous a été garantie est trop faible. Nos Storm-Detachments sont incomplètement équipés. Nous ne pouvons pas acheter de mitrailleuses. Les revolvers et les carabines ne suffisent pas dans les rues, les chômeurs affluent dans les villes et chaque nouvel homme coûte de l'argent. »

Luetgebrunn continua sur cette lancée pendant un bon moment. Puis ce fut le tour de von Heydt, qui m'informa que le « Führer » me recevrait le lendemain à onze heures du matin dans sa maison du 28 Fasanenstrasse. Je n'aurais qu'à donner mon nom à la femme de chambre. Le 28 Fasanenstrasse est une maison familiale ordinaire. De l'extérieur, je ne pouvais pas deviner que le « Führer » vivait ici, pas d'uniformes bruns, ni aucun autre signe. Une visite ordinaire à un citoyen ordinaire. Hitler avait vieilli au cours des deux années où je ne l'avais pas vu. Pourtant, je l'ai trouvé moins nerveux, plus digne, plus soigneusement habillé, je pourrais dire qu'il était plus sûr de lui. Il semblait heureux de me revoir, car il m'a interrogé avec intérêt sur toutes sortes de détails me concernant. Puis, selon son habitude, il a commencé par le sujet principal, sans introduction.

« Je n'ai pas beaucoup de temps. Luetgebrunn vous a déjà informé de tout. Que dit l'Amérique ? Donnez-nous encore un an et nous aurons le pouvoir entre nos mains. Lisez-vous les rapports du Reichstag ? Que pensez-vous de notre spectacle ? Quand un de nos délégués se lève, tout le monde écoute et les hordes rouges tremblent. Nous aurons ces écolos. Ils ont trahi et vendu le peuple allemand, et nous les punirons pour cela. Nous avons préparé un plan de mobilisation qui fonctionnera comme une horloge. L'un de mes meilleurs partenaires est Goring. Je lui ai confié cette tâche. En deux heures, nos troupes peuvent être mobilisées dans tout le pays pour descendre dans la rue. D'abord les Storm-Detachments, qui ont pour mission d'occuper les bâtiments, de faire prisonniers les dirigeants politiques et les membres du gouvernement qui ne collaborent pas avec nous. Ensuite viendront nos autres personnes, qui occuperont les bâtiments de façon continue, et notre organisation sera complète. Si le sang doit couler, il coulera. La révolution ne se fait pas dans un mouchoir ; que le mouchoir soit rouge ou blanc n'y change rien. On ne peut apprendre aux traîtres à se comporter que par la force ».

Je voulais lui demander quelle serait sa politique étrangère. Hitler se lève et traverse la pièce à grands pas. « Les pays étrangers seront divisés en deux camps. Nos ennemis et nos concurrents. Nos ennemis sont avant tout la France, la Pologne et la Russie, nos concurrents sont l'Angleterre, l'Amérique, l'Espagne, la Scandinavie et la Hollande. Nous n'avons aucun compte à régler avec les autres pays. La population d'Alsace-Lorraine doit être amenée à la révolution, ainsi que la Silésie. C'est notre première tâche, dès que nous pourrons prendre le pouvoir. Si la France veut la guerre, il y aura la guerre. Nous ne reconnaissons pas le traité de Versailles. Je veux voir l'Allemagne et le peuple allemand libres. Si nous ne sommes pas autorisés à nous armer, nous le ferons en secret. Tous les gouvernements allemands ont montré leurs cartes à la France. Nous ne ferons pas cela. Nos divisions ne sont pas des régiments, nos armes ne sont pas du matériel de guerre. Dans deux ans, je construirai une armée allemande assez forte pour encercler la France. Je ferai adapter l'industrie chimique aux besoins de la guerre. La situation de nos concurrents est encore plus simple. Ils ne peuvent pas vivre et travailler sans l'Allemagne. Je poserai des exigences. Partout où les produits allemands sont refusés en raison de taxes d'importation élevées, une production illimitée doit être maintenue. Le peuple allemand doit être totalement autosuffisant, et si cela ne fonctionne pas avec la France seule, alors je ferai appel à la Russie. Les Soviétiques ne peuvent pas encore se passer de nos produits industriels. Nous ferons crédit, et si je ne suis pas capable de dégonfler la France moi-même, alors les Soviétiques m'aideront. »

Je dois ici faire une petite remarque. Lorsque je suis rentré à l'hôtel, j'ai noté cette conversation mot à mot. Mes notes sont devant moi et je ne suis pas responsable de leur incohérence ou de leur incompréhensibilité. Si vous pensez que ses opinions en matière de politique étrangère sont illogiques, c'est sa faute, pas la mienne. Je continue.

« Staline a fait des plans et il réussira parce qu'il a conquis le peuple russe. Ce que les Russes peuvent faire, nous pouvons le faire deux fois plus vite, deux fois plus intensément. Après un an de mon gouvernement, il n'y aura plus de chômage en Allemagne. Les Juifs seront exclus, ainsi que les communistes et les sociaux-démocrates ; les camps dans lesquels je les enfermerai sont déjà en cours de préparation. La Reichswehr est déjà entre nos mains jusqu'au dernier homme. Le gouvernement ne s'en est même pas rendu compte, mais je les laisserai dans leur aveuglement — je suis sûr de mon contrôle. Goring et Gobbels, Streicher et von Heydt se sont rendus à Rome à plusieurs reprises et ont parlé à Mussolini, Rossi, Dumini et d'autres chefs fascistes de l'ensemble de l'organisation là-bas. Nous construisons également notre organisation en fonction de nos propres circonstances. Mussolini et Staline, le premier plus que le second, sont les seuls dirigeants pour lesquels j'ai du respect. Tous les autres ne sont qu'un ramassis de vieilles femmes. Staline est juif, c'est dommage. Est-ce que von Heydt t'a dit combien il nous fallait ? Lorsque votre lettre est arrivée, nous avons tout calculé exactement. Avez-vous une idée, en Amérique, des difficultés que nous rencontrons ici ? Si tout suivait les voies politiques habituelles, ce serait facile, mais il n'y a pas une seule ville en Allemagne où je ne sois pas joyeusement accueilli. J'obtiendrai certainement une majorité politique, mais les gens doivent avoir peur, au cas où le NSDAP ne reculerait pas devant d'autres méthodes pour atteindre mes objectifs, au cas où mes démarches politiques parlementaires n'aboutiraient pas. Nous ne pouvons susciter la peur qu'en faisant étalage de notre puissance. Cela n'est possible qu'avec des uniformes et des armes. Si quelques communistes sont tués par un groupe de Chemises brunes, cela a la même valeur propagandiste pour le parti qu'un de mes discours. Mussolini a introduit une nouvelle période dans la politique. Il est le premier à mener une politique intérieure avec autre chose que des grands mots et des motions parlementaires. En bref, tout ce dont nous avons besoin pour présenter notre parti comme une puissance à l'étranger et pour impressionner le peuple coûte de l'argent. Je vous ai écrit à ce moment-là parce que notre temps est compté et que le moment est venu de prendre rapidement la situation en main. Dans certains endroits, nous avons été obligés de refuser des chômeurs. C'est regrettable à ce stade, car on peut tout faire avec les chômeurs si on peut seulement leur donner des uniformes et de la nourriture. Connaissez-vous nos casernes ? Je vais vous faire voir une de nos maisons ici à Berlin. Je n'ai rien besoin des gens plus riches qui craignent pour leurs biens quand les choses deviennent difficiles. Nous avons besoin des travailleurs ordinaires, du prolétariat, qui n'ont rien à perdre. Avez-vous également parlé à Luetgebrunn ? Il est avocat, mais c'est un intellectuel de bon aloi. En général, je n'ai pas beaucoup d'estime pour les intellectuels. Ils parlent toujours de science et d'enseignements historiques. Qu'ont-ils accompli avec tout leur savoir ? Rien. Maintenant, c'est notre tour, laissons parler le poing et l'épée. Travailler et se battre, telle doit être la vie complète. Les rêves et les discours n'ont jamais rien accompli. Avez-vous aussi des relations avec la Reichsbank ? Il est supposé y régner une grande confusion. Une fois que j'y serai, je mettrai de l'ordre dans tout cela. Schacht me semble être le meilleur de tous, mais il est médecin, et je n'aime pas cela. Ces gens sont devenus pour la plupart indignes de confiance à cause de toutes leurs affabulations. Il faut en finir avec les études et les rêves. Les jeunes doivent travailler la terre et être formés pour pouvoir se battre, si cela s'avère bientôt nécessaire. »

Ses allées et venues dans la pièce me rendaient nerveuse. Il se peut aussi que ses mots tranchants et l'absence de fil conducteur dans sa conversation me fatiguent. Mais Hitler continue : « Si je vivais en Amérique, je n'aurais rien à voir avec la politique ; là-bas, les gens sont vraiment libres, et c'est un privilège d'être Américain. Ces dernières années, être allemand est devenu une honte. Nous veillerons à ce que cela redevienne un honneur. Savez-vous qu'ils ne me donneront pas ce nom honteux ? Je suis né en Autriche, je ne suis donc pas allemand. C'est ridicule. Ils me reconnaîtront à genoux, non pas comme l'un d'entre eux, mais comme quelqu'un au-dessus d'eux. Les communistes commencent à avoir peur, les juifs pensent que cela ne va pas vraiment durer, et les sociaux-démocrates croient encore qu'ils peuvent sauver leur peau avec des discours et des motions parlementaires. Les meilleures personnes ici à Berlin sont des communistes, leurs dirigeants se plaignent à Moscou de leur mauvaise situation et demandent de l'aide. Mais ils ne se rendent pas compte que Moscou ne peut pas les aider. Ils doivent s'aider eux-mêmes, mais ils sont trop lâches pour cela. La question la plus difficile aujourd'hui est celle de nos relations avec les églises. L'église luthérienne allemande me donne du fil à retordre, les autres églises protestantes s'adapteront bientôt. Mais les catholiques. Vous devez savoir que je suis catholique. Le parti du centre[3] est très fort et peut accomplir quelque chose avec le soutien des partis bavarois. Nous devons neutraliser ce parti pour être les plus forts. Je sais bien qu'il y a aussi des canailles en son sein, mais je les laisserai tranquilles pour l'instant. Les évêques se prononcent contre les nationaux-socialistes dans certains districts, il y a des prêtres qui ne donnent pas l'absolution aux nationaux-socialistes et qui leur refusent la communion. Une bonne correction changerait tout cela, mais ce n'est pas une bonne tactique pour l'instant ; nous devons attendre ».

« von Heydt n'a donc pas mentionné de montant, pas plus que Luetgebrunn. Non, il ne pouvait pas, il ne connaissait pas le montant. Vous verrez, nous avons tout calculé exactement, et nous laisserons le choix à vos bailleurs de fonds. Il y a deux possibilités. Soit nous descendons dans la rue dès que nos Storm-Detachments seront complètement organisés, ce qui prendra trois mois après avoir reçu l'argent. Soit nous travaillons avec persévérance en recueillant des voix et en tenant nos troupes prêtes à intervenir en cas de besoin. Le premier plan est appelé plan de révolution, le second plan est appelé plan de "prise de contrôle légale". Comme je l'ai dit, le premier est une question de trois mois, le second de trois ans. Qu'en pensez-vous ? »

Je n'ai pu que montrer mon ignorance en

---

[3] Parti catholique

haussant les épaules. « Naturellement, vous, les Américains, ne connaissez pas la situation ici, et il est difficile de dire quelle est la meilleure méthode à utiliser. Mais que pensez-vous que vos bailleurs de fonds vont dire ? » Une fois de plus, je n'ai pas pu répondre. Hitler poursuivit.

« Vous voyez, je ne sais pas très bien moi-même, ni mes collègues, quelle voie nous devons suivre. Goring est tout simplement pour la révolution, les autres plutôt pour la prise de pouvoir légale, et je suis en faveur des deux. La révolution peut mettre le pouvoir entre nos mains en quelques jours, la prise de pouvoir légale nécessite de longs mois de préparation et beaucoup de travail dans la clandestinité. Bien sûr, il y a une raison pour laquelle nous n'avons pas pu prendre de décision, c'est que nous ne savons pas sur combien d'argent nous pouvons compter de la part de vos bailleurs de fonds. Si vous aviez été plus généreux en 1929, les choses auraient été réglées bien avant, mais nous avons à peine pu réaliser la moitié de notre programme avec dix millions de dollars. Je vais vous détailler nos calculs. La révolution signifie que nous attirons les gens par des dons importants aux chômeurs, que nous achetons rapidement des armes et que nous organisons nos détachements d'assaut. Les contrebandiers profiteront de nous et exigeront des prix qui réduiront considérablement nos fonds. Avec beaucoup d'argent, nous réussirons certainement à faire passer des mitrailleuses en contrebande, cela n'a pas de sens d'ouvrir notre attaque sans mitrailleuses. »

« La prise de pouvoir légale, en revanche, lorsqu'elle sera enfin achevée, après que nous aurons forcé différentes élections par obstruction dans les Landtags et le Reichstag, alors les masses seront fatiguées de voter et se laisseront facilement bluffer par notre habile propagande. Pendant que nous nous occupons de notre travail parlementaire, nous armons notre peuple et organisons les détachements d'assaut. Ensuite, quelques manifestations répétées de temps en temps contre les communistes suffiront à donner aux gens une idée de notre puissance armée. En outre, nous profiterons de cette période pour pénétrer encore plus profondément dans les rangs de la Reichswehr. Les élections, en nous donnant une majorité effective, aboutissent au même résultat que la révolution en trois ou quatre mois. J'aimerais avoir les deux voies. Tout dépend de l'argent. »

Hitler s'est assis à sa table. Il a sorti son petit carnet, m'a regardé et a continué.

« La révolution coûte cinq cents millions de marks, la prise de contrôle légale deux cents millions de marks. » Il attend. « Quelle sera la décision de vos bailleurs de fonds ? »

Je n'ai pas pu répondre. J'ai promis de contacter New York et de rapporter dès que possible ce qu'ils avaient décidé. Hitler reprend la conversation et commence à divaguer.

« Vous, les Américains, devez être intéressés par l'arrivée au pouvoir de notre parti en Allemagne, sinon vous ne seriez pas ici et dix millions de dollars ne m'auraient jamais été donnés en 1929. Vos motivations ne m'intéressent pas, mais si vous comprenez bien la situation, vous vous rendrez certainement compte que je ne peux aller nulle part sans moyens financiers. Les communistes d'ici reçoivent de l'argent de Moscou, je le sais et je peux le prouver. Les sociaux-démocrates sont soutenus par des banquiers juifs et d'autres grandes banques, et disposent d'un énorme trésor. Les nationalistes allemands reçoivent des sommes considérables de la part des grandes industries, et leur chef Hugenberg possède plusieurs journaux qui génèrent d'importants bénéfices. Le Parti du centre reçoit tout l'argent dont il a besoin de l'Église catholique, qui dispose de milliards, en particulier dans le sud de l'Allemagne. Quand je compare cela aux maigres quarante millions de marks que j'ai reçus de vos bailleurs de fonds en 1929, j'ai du mal à croire que nous ayons pu oser commencer notre planification avec des fonds aussi limités. Vous avez dû remarquer les progrès réalisés en Allemagne et ici à Berlin depuis 1929. N'êtes-vous pas surpris par ces résultats ? Dois-je vous dire autre chose ? La Reichswehr est national-socialiste de bout en bout. Vous le savez déjà, mais il n'y a pas une seule fonction publique où notre parti n'ait pas de partisans, nous sommes particulièrement puissants dans les chemins de fer et à la Poste, et lorsque nos slogans révolutionnaires seront diffusés dans quelques mois, nous pourrons mettre la main sur ces institutions d'État sans trop de problèmes. Lorsque je me suis adressé à vous en 1929, j'ai dû admettre que le Nord et la Rhénanie étaient encore tièdes. Aujourd'hui, cela a complètement changé. Nous sommes bien organisés, même à Francfort-sur-le-Main, où l'allemand est encore très présent.

Les nationalistes et les communistes ont de nombreux partisans. Des membres du parti siègent dans de nombreux consulats étrangers et participeront activement au premier signal de Berlin. Tout cela ne signifie-t-il pas quelque chose ? Cela ne prouve-t-il pas que ces quarante millions "dérisoires" ont été bien investis ? Mais il faut maintenant que tout aille bien et vite, et notre argent est épuisé. Dites à vos bailleurs de fonds qu'ils doivent, dans leur propre intérêt, envoyer les cinq cents millions de marks le plus rapidement possible, et nous aurons terminé dans six mois au plus tard. »

Hitler a hurlé ces dernières phrases comme s'il se trouvait dans un meeting politique, et il m'a assailli comme si j'étais son pire ennemi. J'en avais assez. J'ai répété que je me rendrais à New York et que je le ferais savoir dès que possible. J'ai télégraphié le jour même. Il a fallu cinq jours pour recevoir une réponse de New York. Pendant ces cinq jours, j'ai eu le sentiment de n'être jamais seul. Sauf, bien sûr, pendant les heures que je passais à l'hôtel. Je croyais voir partout des gens qui me suivaient. Je ne sais toujours pas si c'était la réalité ou mon imagination, mais je peux penser à plusieurs occasions différentes qui sont des preuves solides d'un contrôle continu exercé sur moi pendant ces cinq jours. Mais je ne veux pas éveiller les instincts de détective de mes lecteurs. Il y a cependant un cas que je voudrais raconter. Le deuxième jour après ma conversation avec Hitler, je suis allé sur le Kurfurstendamm en direction de Wilmersdorf. Un vieil ami de ma famille y vivait dans une petite villa. Je voulais lui rendre visite. En descendant le Kurfurstendamm et en tournant dans la rue où se trouvait la villa, j'ai clairement vu passer devant moi un homme que j'avais remarqué au moins trois ou quatre fois devant ou derrière au cours des dix dernières minutes. J'arrivai à la villa et m'apprêtai à appuyer sur la sonnette électrique lorsque j'aperçus une petite boîte à l'extérieur des buissons. Il y avait écrit au crayon le mot : absent. Je n'ai pas sonné. Le soir même, j'ai téléphoné de mon hôtel à la maison de mon ami. Je n'ai pas pu établir de connexion et, après plusieurs minutes d'attente, l'opérateur m'a dit qu'il n'y avait personne à la maison. Cela semblait encore très normal et naturel à Berlin, mais plus tard — j'avais écrit une lettre à mon ami le dernier jour de mon séjour à Berlin pour lui dire combien je regrettais son absence — j'ai reçu une réponse de sa part à New York, dans laquelle il disait qu'il n'avait pas quitté Berlin et qu'il ne comprenait pas ma déclaration sur son absence. Je n'ai pas non plus compris l'histoire jusqu'à ce que j'apprenne, au début de cette année, que notre vieil ami de la famille à Berlin était un social-démocrate bien connu et qu'il s'était envolé pour la Suisse. Nous, Américains, ne nous intéressons généralement que très peu aux convictions politiques de nos amis. Je n'avais jamais su auparavant qu'il était social-démocrate, mais maintenant l'incident de 1931 est clair, et je crois que non seulement j'ai été suivi personnellement pendant ces cinq jours, mais que mon téléphone et ma chambre d'hôtel étaient également sous contrôle. Il ne faut pas oublier qu'en 1931, Hitler n'était pas encore Reichskanzler, mais seulement chef d'un parti politique puissant.

La réponse de Carter n'était pas claire. Je lui ai répondu par télégramme : « Répétez », puis j'ai reçu un long câblogramme :

Il n'est pas question de suggérer des montants. Nous ne voulons pas et ne pouvons pas. Expliquez-lui qu'un tel transfert vers l'Europe fera voler en éclats le marché financier. Absolument inconnu sur le territoire international. Attendez-vous à un long rapport, avant que la décision ne soit prise. Rester sur place. Poursuivre les investigations. Persuader l'homme de ses exigences impossibles.

N'oubliez pas d'inclure dans votre rapport votre propre opinion sur les possibilités d'avenir de l'homme.

Carter ne croyait donc pas beaucoup aux capacités financières d'Hitler. Il attendait un rapport détaillé de ma part avant de prendre une décision et attendait de moi que je convainque le Führer de l'impossibilité de ses exigences et que j'inclue dans le rapport mon propre avis sur les chances de succès.

J'écrivis une courte lettre à Hitler et lui décrivis le contenu du télégramme. Deux jours plus tard, deux hommes que je n'avais pas encore rencontrés, Goring et Streicher, me rendirent visite à l'hôtel. Le premier était un homme élégant, fringant, très brutal, et le second m'a fait une impression féminine.

Goring ouvrit la conversation en exprimant son étonnement que je ne partage pas l'opinion du Führer. En tant qu'Américain, il serait certainement difficile de comprendre la situation allemande, mais le Führer m'avait si bien informé des plans et du programme du parti que je devais être au courant de la situation. J'ai immédiatement rétorqué que mon point de vue n'était pas pertinent, que je n'étais pas celui qui avait l'argent, mais un simple intermédiaire. Il n'a pas semblé le croire et a continué à me parler de manière personnelle, niant le fait que j'avais des soutiens derrière moi. Streicher est entré dans la conversation avec un ton onctueux. Je ne pouvais pas supporter cet homme. Je préférais cent fois la brutalité de Goring, aussi désagréable soit-elle. Nous ne pouvions pas nous mettre d'accord. J'ai expliqué je ne sais combien de fois que je ne pouvais rien changer aux circonstances, que j'avais envoyé mon rapport à New York le jour même et que je devais attendre la décision de mes bailleurs de fonds. Goring est finalement devenu furieux et a dit littéralement : « C'est une escroquerie. Nous n'avons pas fait appel à vous. D'abord, vous nous faites miroiter une énorme somme d'argent, ensuite, lorsque nous vous disons combien nous avons besoin, c'est beaucoup trop élevé pour vous et ces messieurs ne viennent pas avec la marchandise. Vous êtes des escrocs ». Cette brutalité m'a mis en colère et j'ai montré la porte à Goring. Il est parti avec Streicher sans dire au revoir. J'écrivis immédiatement une courte lettre à Hitler pour lui demander de me traiter personnellement à l'avenir et de ne plus envoyer de représentants, surtout pas Goring. J'ai raconté brièvement ce qui s'était passé et j'ai ajouté que je ne voulais plus rien avoir à faire avec Goring. Je ne sais pas ce qui s'est passé entre Hitler et Goring, mais le lendemain, j'ai reçu une courte lettre de Goring dans laquelle il présentait ses excuses et attribuait son comportement à la grande tension qu'il vivait en tant que chef de parti aux côtés d'Hitler.

Le lendemain, cependant, deux hommes sont à nouveau annoncés. Les Américains commettent une grave erreur en Europe. Ils reçoivent n'importe qui après une simple annonce. En Amérique, cela ne fait aucune différence, tout se fait rapidement. Les discours superflus sont rares dans le monde des affaires. J'ai reçu les deux hommes : von Heydt et un nouveau personnage. Introduction : Gregor Strasser. Un type plus raffiné que Goring, mais tout aussi brutal sous le couvert de la formalité. Von Heydt ouvre la conversation. J'ai à peine écouté et je l'ai interrompu. Toutes ces discussions sur les chefs de parti n'avaient aucun sens pour l'instant. Je devais attendre la décision de New York. Si Herr Hitler voulait me parler, je discuterais volontiers avec lui et j'essaierais de faire comprendre la position de mes partisans. Strasser intervient. Est-ce que je partage leur point de vue ? « Je n'ai pas de point de vue dans toute cette situation. Je suis en train d'exécuter une mission. La réponse qu'ils m'ont envoyée est cependant restée codée, et même si je l'ai transmise à Hitler, il est possible que je puisse expliquer davantage certains points. C'est ainsi qu'il faut interpréter ma déclaration ».

Strasser a commencé à exposer le programme du parti. J'ai eu l'impression que son travail consistait principalement à travailler avec les chômeurs. Il reproche, sans être grossier, les patrons des syndicats et les sociaux-démocrates. Il a énuméré quarante, cinquante noms l'un après l'autre et a désigné le mur avec sang-froid, en disant tranquillement : « C'est là que ces gens-là se tiendront avec dix tireurs d'élite devant eux. Les mots les plus grossiers qu'il employait étaient coquin et chien, mais il les prononçait aussi calmement que tout le reste. J'en avais assez de ce bavardage et je demandai aux hommes de me laisser tranquille, car j'avais encore un certain nombre de lettres à écrire. Strasser me donna une invitation à assister à un défilé national-socialiste à Breitenbach le dimanche suivant.

Un spectacle saisissant. Sur un terrain parsemé de souches d'arbres noueux se tenaient cinq Storm-Detachments en formation, écoutant le prêtre qui tenait le service de terrain. J'ai retenu les phrases suivantes du sermon du prêtre. Elles m'ont permis de mieux comprendre le national-socialisme allemand que toutes les paroles d'Hitler et de ses dirigeants.

« Vous êtes des combattants pour Dieu. Jour après jour, le meilleur sang sera versé parce que vous avez héroïquement dressé vos vies comme des remparts contre le bolchevisme, pour sauver de la ruine 2000 ans de culture chrétienne. Vous, qui avez inscrit la lutte acharnée pour la nature et la race allemandes sur le drapeau rouge du peuple, avec son champ blanc de pureté et de loyauté et le signe runique de la victoire, vous satisfaites votre propre conscience ainsi que celle de Dieu. Ne vous laissez pas égarer, ne vous laissez pas intimider ».

« L'esprit du Christ est un esprit de conflit, contre Satan et son enfer. L'ennemi que le Christ a voulu vaincre par sa crucifixion aspire à ressusciter en ce moment même, l'ennemi, l'éternel juif errant, a décidé de se venger. Il s'efforce de détruire la sainteté du mariage et d'empoisonner la pureté de la coutume et l'âme du peuple. L'amour fraternel chrétien doit être introduit dans la bataille, car il en va de l'existence ou de la non-existence du christianisme. Camarades, notre combat est une défense vitale, notre nationalisme est le sauveur du peuple et de la patrie. N'écoutez pas les politiciens qui qualifient notre nationalisme fanatique de méfait, condamnant tout nationalisme. Notre nationalisme est le même que celui d'un pasteur Wetterle, d'un cardinal Mercier von Mecheln, d'un cardinal Dubois in Palis, qui, avec des milliers de leurs prêtres, enflamment le peuple français d'un amour ardent pour son pays et encouragent l'endurance pour la victoire avec un enthousiasme rayonnant. Ce qui est bon pour les Français et les Belges l'est tout autant pour nous, Allemands. Dans le monde brûlant de 1914, l'ennemi se tenait aux frontières de l'Allemagne, aujourd'hui l'ennemi repose au cœur de notre pays, soumettant notre peuple et l'asservissant. En août 1914, des millions de personnes, bénies par l'Église et protégées par les prières de l'Église, se sont rendues sur les champs de bataille meurtriers pour sauver leur peuple et leur patrie. Ce qui était alors permis, et même exigé de nos prêtres, devrait maintenant être interdit comme un mauvais enseignement ? ... Camarades, c'est un mensonge. C'est pourquoi je vous dis qu'être national-socialiste, c'est être un combattant pour un peuple qui est prêt à défendre ses croyances religieuses, la pureté de ses coutumes et son honneur jusqu'au dernier souffle. Vous êtes une providence de Dieu, parce que vous voulez bannir le monde souterrain et son poison mortel qu'est la dissension. La bénédiction de Dieu repose sur votre combat. Et maintenant, enlevons nos casques. Croisons nos mains et chantons, comme le faisaient les Geusen néerlandais avant la dernière bataille décisive, afin que ce chant retentisse mille fois dans tout le pays : Seigneur, libère-nous... »

La prière de remerciement est terminée. Le service en campagne est terminé. Des ordres tranchants retentissent sur tout le terrain. Les rangs bruns s'alignent pour partir.

Deux policiers en uniforme vert observent avec intérêt les Storm-Detachments. Les policiers sont tous à leur poste. Ils ont reçu l'ordre strict de surveiller tous les mouvements des détachements de la tempête dans toute l'Allemagne, en particulier en Prusse. Le secrétaire d'État à l'Intérieur Severing a parlé la semaine dernière au Reichstag de ces dangereux préparatifs de prise de pouvoir par le NSDAP[4]. Trois jours plus tard, j'ai reçu un télégramme de New York : « Rapport reçu. Prêt à livrer dix, maximum quinze millions de dollars. Aviser l'homme de la nécessité d'une agression contre un danger étranger. »

J'écrivis à nouveau à Hitler pour convenir d'une rencontre. Je lui ai dit que j'avais reçu des nouvelles de New York et que je préférais l'informer personnellement de leur contenu. Le soir même, von Heydt, accompagné de Strasser, me rendit visite. « Le Führer est surmené. Sur l'avis de ses médecins, il doit prendre au moins deux semaines de repos. » Ils avaient les pleins pouvoirs pour agir en son nom, preuves à l'appui. A contrecœur, je décrivis le contenu du télégramme de New York.

Von Heydtsaid : « Quinze millions de dollars » — il choisit immédiatement le maximum — « ce

---

[4] Parti national socialiste.

n'est pas beaucoup pour nos vastes projets, mais je sais que le Führer l'acceptera. Maintenant, il ne faut plus parler de révolution. Ce n'est pas aussi facile que Goring et les autres l'imaginent. Je serais même heureux de monter moi-même sur les barricades. J'en ai assez de ces conditions. Mais nous ne pouvons pas nous mettre des idées folles dans la tête. Nous serions abattus avant même de savoir ce qui s'est passé. Ce serait irresponsable vis-à-vis de notre Führer. Nous devons maintenant aller voir Hitler avec des propositions pour nous organiser plus efficacement et pour former notre peuple. Faire une révolution maintenant montrerait un manque d'esprit militaire et de camaraderie, provoquer des sacrifices est une idée communiste. Nous n'avons rien à voir avec cela. Envoyer les détachements d'assaut sur les barricades maintenant signifierait la destruction de notre mouvement, ferait couler du sang, du sang précieux pour rien, et le drapeau du chaos et du désespoir, le drapeau du bolchevisme, serait planté sur nos cadavres. Ces dernières semaines, nous avons eu un afflux de nouveaux éléments dans notre parti qui sont encore plus difficiles à gérer, ils viennent d'autres partis et ont d'autres points de vue, et ils doivent s'adapter à notre monde ».

Von Heydt, comme tous les autres dirigeants du parti national-socialiste que j'ai rencontrés, semblait possédé par la manie de diffuser, à tort ou à raison, le programme et les tactiques du parti comme s'il se trouvait dans un meeting politique.

Strasser m'a demandé quand je pensais que les quinze millions de dollars pourraient être versés à l'Allemagne. Je répondis que c'était une question de quelques jours, dès que je saurais que Hitler était d'accord avec le montant fixé, mais que je ne prendrais les mesures nécessaires pour céder le montant à l'Europe que lorsque j'aurais eu une discussion avec Hitler. Von Heydt m'expliqua que c'était temporairement impossible parce que Hitler devait se reposer. Attendre son retour entraînerait un retard considérable. Si j'insistais, on pourrait organiser demain ou après-demain une réunion de tous les chefs de parti, et je pourrais y rapporter ce que je voulais dire à Hitler personnellement. J'ai cependant maintenu ma demande et j'ai dit finalement que je ne ferais rien tant que je n'aurais pas parlé à Hitler personnellement.

Le lendemain à midi, on m'appelle pour déjeuner à l'hôtel. Un chauffeur m'attendait dans le hall et me remit une lettre. Elle était écrite de la main d'Hitler et me demandait de venir chez lui dans la voiture qui m'attendait. Un quart d'heure plus tard, je m'installais dans sa chambre de la Fasanenstrasse. Je n'ai remarqué ni fatigue ni maladie chez lui, mais je n'ai rien dit sur son état de santé, je me suis contenté d'exécuter directement ma mission. Hitler se leva et, tout en marchant de long en large dans la pièce, il s'écria : "Quinze millions de dollars, c'est tout ce qu'il y a de plus important ! « Quinze millions de dollars, soit environ soixante millions de marks. Combien de temps faudra-t-il attendre avant qu'il n'arrive ici ? C'est beaucoup trop peu pour s'attaquer réellement au problème. Vous, les Américains, vous ne connaissez pas nos projets ».

J'ai fait remarquer que quinze millions de dollars était le maximum, et qu'il pouvait dire, d'après la copie du télégramme que je lui avais montrée, que dix millions et un maximum de quinze millions étaient offerts. Il a d'abord écouté attentivement. J'ai profité de l'occasion pour évoquer la nécessité d'adopter une attitude agressive à l'égard des pays étrangers, comme le mentionnait le télégramme. L'Amérique aurait eu l'impression que ses actions dans d'autres parties de l'Europe n'avaient pas vraiment eu d'effet. Je n'ai pas voulu aller plus loin. Peut-être se rendrait-il compte de ce que mes soutiens voulaient dire. Mais Hitler s'est remis à hurler. 'Pensez-vous que je puisse faire des miracles ici avec notre peuple ? Avez-vous une idée de l'apathie des Allemands ? Cette « bande de Juifs » a imposé un esprit d'escroquerie, de cupidité, d'internationalisme et de pacifisme. Jour après jour, nous devons la combattre : d'abord, nous devons enseigner le courage au peuple, ensuite nous pourrons faire quelque chose'.

« Il n'y a pas de discipline en Allemagne et nous devons tout recommencer depuis le début. Attendez que nous ayons terminé notre travail sur le peuple allemand, et nous pourrons alors penser à la politique étrangère. Lisez notre programme. Nous ne nous en écarterons pas d'un pouce. Lisez les points 1 à 7. Point 1. Création d'un État national unifié, incluant toutes les personnes d'origine allemande. L'explication de ce point est la suivante : nous n'abandonnerons pas un seul Allemand dans les Sudètes, en Alsace-Lorraine, en Pologne, dans la colonie autrichienne de la Société des Nations et dans les États successoraux de l'ancienne Autriche. Lisez l'explication du point 2 : nous ne voulons pas de la servilité d'Erzberg et de Stresemann à l'égard des puissances étrangères ; bientôt, on verra que les puissances étrangères auront beaucoup plus de considération et de respect pour une représentation forte des intérêts allemands. Le résultat de notre nouvelle position sera la considération et l'écoute des souhaits allemands sur les territoires étrangers et internationaux au lieu des coups de pied et des bastonnades. Le point 3 stipule que les juifs et tous les non-allemands doivent être exclus de tous les postes à responsabilité de la vie publique. Et le point 4 ? L'immigration des Juifs de l'Est et d'autres étrangers inférieurs ne sera plus autorisée. Les étrangers et les Juifs indésirables seront expulsés du pays. Relisez le point 6 : quiconque n'est pas allemand ne peut vivre dans l'État allemand qu'en tant qu'invité et est soumis aux lois relatives aux étrangers. Point 7 : les droits et les intérêts des Allemands l'emportent sur les droits et les intérêts des citoyens étrangers. Par-dessus tout, nous avons pour objectif la renaissance de l'Allemagne dans l'esprit allemand, pour la liberté allemande. Que voulez-vous de plus ? Nous adhérerons à ce programme et le respecterons jusqu'à la dernière lettre. Je sais qu'à cause de cela, j'aurai la France, la Pologne, la Tchécoslovaquie, peut-être aussi la Prusse, l'Italie et la Hongrie sur le dos. Cela n'a pas d'importance à ce stade. Nous nous en occuperons lorsque notre peuple sera prêt à assumer les conséquences de la politique allemande dans l'intérêt du peuple allemand, sans aucune réserve. Le peuple s'est abâtardi et il faut le débarrasser des coutumes étrangères ». Hitler se rassied et réfléchit. Puis il reprit la parole plus calmement.

« Bien, je prendrai les quinze millions. Nous réaliserons notre programme, mais notre tactique changera. Je choisirai la voie lente, la voie de la prise de contrôle légale, mais nous réussirons. Le président Hindenburg est déjà en train de changer. J'aurai terminé lorsque j'aurai écarté la clique aristocratique qui l'entoure. Son fils n'a aucune estime pour moi et incite son père à m'attaquer. Le président est un vieil homme. Il se laisse influencer par les autres. Donnez-moi simplement les quinze millions. Von Heydt s'arrangera avec vous pour que je reçoive l'argent ».

J'ai expliqué en outre qu'il était possible que mes bailleurs de fonds envoient les quinze millions en deux tranches, l'une de dix millions et l'autre de cinq millions, et qu'ils attendraient des informations de ma part avant de faire quoi que ce soit. Je me suis référé une fois de plus à la signification des conditions contenues dans le télégramme de Carter — une politique étrangère vigoureuse. Cette fois, il n'a pas prononcé les phrases habituelles sur son programme, mais il a dit directement et calmement : « Laissez-moi faire » : « Laissez-moi faire. Ce que j'ai déjà accompli est la preuve de ce que je peux faire à l'avenir ».

La conversation était terminée, ce qui me plaisait beaucoup, car une conversation avec Hitler est une chose épuisante. Il hurle et s'emporte. Manifestement, il est tellement habitué à prendre la parole lors d'assemblées nationales que cela l'accapare et qu'il ne peut pas tenir une conversation normale et tranquille.

Le même jour, j'ai envoyé à New York un rapport détaillé de ma conversation avec Hitler et je n'ai mentionné pour l'instant que ses projets de politique étrangère et sa promesse ferme de ne pas s'écarter d'un pouce du programme de son parti. Je ne pensais pas que cela suffirait à satisfaire Carter et ses collègues concernant une politique étrangère agressive de la part des nationaux-socialistes, et je pensais que l'affaire serait close.

Trois jours plus tard, j'ai reçu une réponse de Carter qui contredisait mon opinion. Quinze millions de dollars seraient livrés à ma première demande à une banque européenne que j'avais indiquée. J'ai immédiatement transmis cette réponse à Hitler. Von Heydt me chercha et me demanda de transférer immédiatement l'argent en Europe de la manière suivante : Cinq millions de dollars en mon nom à Mendelsohn & Co, Amsterdam, cinq millions à la Rotterdamsche Bankvereinigung, Rotterdam, et cinq millions à la Banca Italianna à Rome.

Je me suis rendu à ces trois endroits avec von Heydt, Gregor Strasser et Goring, pour déposer les montants. Un très grand nombre de chèques ont dû être libellés à de nombreux noms différents dans des endroits petits et grands d'Allemagne. Les dirigeants nationaux-socialistes avaient de longues listes de noms avec eux. À Rome, nous avons été reçus dans le bâtiment principal de la banque par son président-commissaire, et pendant que nous attendions cinq minutes dans son bureau, deux fascistes dont les uniformes indiquaient manifestement des grades élevés sont entrés. Introduction : Rossi et Balbo.

Goring a ouvert la conversation. Il a parlé italien aux hommes. Je ne comprenais pas ce qui se disait. Nous avons été invités à un dîner chez Balbo. J'étais le seul à ne pas porter l'uniforme. Les dirigeants nationaux-socialistes portaient leurs uniformes bruns et les fascistes leurs uniformes noirs. Après le dîner, tout le monde a dansé dans une immense salle dont les portes ouvertes donnaient sur un magnifique jardin. Les dames préfèrent les uniformes bruns. Un vieil Italien, en chemise noire avec de nombreuses décorations, s'est assis à côté de moi et a regardé les danseurs. Il se mit à parler en allemand. « L'Italie n'aurait jamais dû renoncer à son alliance avec l'Allemagne. Nous serions alors en position de force face à la France. Mais nos amis allemands sont sur la bonne voie, et lorsque la révolution deviendra réalité, le bon vieux temps reviendra. Il n'y a pas de meilleure combinaison possible : La culture italienne et l'esprit allemand, ils renouvelleront et conquerront le monde ». Trois jours plus tard, j'ai voyagé sur le Savoya de Gênes à New York.

Carter a convoqué une réunion plénière le lendemain de mon retour d'Europe. Rockefeller m'a immédiatement demandé si je pensais qu'Hitler oserait se battre ouvertement contre Hindenburg. J'ai répondu que je sentais Hitler capable de tout si cela pouvait servir ses objectifs. Il n'était pas non plus un rêveur et était très conscient des difficultés qu'il rencontrait, il n'expérimenterait pas s'il n'était pas sûr de réussir. On m'a demandé de citer littéralement ce qui avait été dit dans mes dialogues avec Hitler. On m'a également interrogé sur mes impressions concernant la situation en Allemagne. Lorsque j'ai donné l'opinion du banquier de Hambourg, Glean a voulu savoir si les classes aisées d'Allemagne craignaient la politique financière d'Hitler et son « effondrement de l'asservissement du capital financier », comme l'appelait Hitler. J'ai répondu en citant l'industriel berlinois et le sentiment du banquier hambourgeois, à savoir que l'on peut trouver dans chaque programme politique des points qui ne sont là que pour plaire aux masses et qui ne seront jamais mis en pratique. J'en ai conclu que les classes allemandes aisées (selon les souhaits d'Hitler) ne prendraient pas au sérieux ces aspects du programme hitlérien. Carter a fait remarquer que les montants demandés que j'avais télégraphiés étaient absurdes et prouvaient clairement le peu de compréhension qu'Hitler avait des relations internationales. J'ai ajouté qu'à mon avis, ce n'était pas seulement le cas pour les relations financières, mais que j'avais également été étonné par son ignorance dans le domaine de la politique internationale. Personne n'a semblé trouver cela important — c'est assez courant en Amérique. Carter m'a demandé ce que je pensais des collaborateurs d'Hitler. J'ai raconté l'incident avec Goring. Cela a semblé lui plaire particulièrement, et il a déclaré catégoriquement qu'un homme du type de Goring serait un partenaire idéal pour un dirigeant comme Hitler.

Un an plus tard, en septembre, après que le parti national-socialiste allemand ait reçu 107 délégués au Reichstag le 14, Carter m'a écrit une courte lettre, rappelant mes deux voyages en Allemagne et les conversations que j'avais eues avec Hitler. Il me demandait si j'étais prêt à me rendre à nouveau en Allemagne pour rencontrer le Führer au cas où cela s'avérerait nécessaire. Après ma dernière visite en Allemagne, j'avais reçu régulièrement des lettres de von Heydt, Strasser et Goring, ainsi que d'importants envois de livres, de brochures et de journaux quotidiens. Je connaissais désormais très bien le national-socialisme et la personne d'Hitler ne m'était plus aussi mystérieuse que pour d'autres personnes de notre entourage, du fait de mes contacts avec lui. Revoir ces gens en Europe n'était pas une perspective des plus agréables. Ni les gens, ni leur littérature, ni leur propagande ne m'attiraient. Mes origines allemandes se sont peut-être estompées dans la routine de la vie américaine. Mon grand-père est venu en Amérique il y a 90 ans, mon père y est né, ma mère est purement américaine. C'est peut-être pour cette raison que je ne pouvais pas supporter l'arrogance démesurée du peuple allemand, qui était la clé de tout le programme d'Hitler, et que son travail et ses objectifs m'étaient totalement étrangers. En fait, j'étais personnellement arrivé à la conclusion que mes amis faisaient fausse route, que la politique étrangère agressive d'Hitler pouvait certes rendre la France plus souple et plus coopérative, mais qu'elle était également dangereuse pour le monde. On sait toujours où commence un tel dictateur, mais personne ne sait jamais où il s'arrête. J'avais fait part de mon point de vue à Glean au cours de l'année et il avait tenté de m'en dissuader en m'informant que Mussolini, dictateur tout aussi violent d'un grand pays, s'était calmé après avoir semé l'inquiétude dans le monde et surtout en France avec sa grande gueule et ses menaces, ce qui était très bien selon lui, mais quand les choses ont commencé à se gâter, (Mussolini) s'est replié calmement. Il n'en irait pas autrement avec Hitler, pensait-il. Notre intention n'était certainement pas de provoquer une guerre entre l'Allemagne et la France, mais simplement de menacer le danger de guerre, afin que la France coopère davantage au soutien éventuel de l'Angleterre et de l'Amérique dans les affaires financières internationales.

J'ai finalement pris ma décision. J'ai informé Carter que j'étais prêt à me rendre à nouveau en Europe et à m'occuper d'Hitler dès que cela s'avérerait nécessaire.

Dans le wagon-lit pour Berlin, j'ai trouvé une édition d'un quotidien allemand. Voici l'article principal de la première page ;

Les gens affluent en masse du centre-ville vers la Jahrhunderthalle et les places et bâtiments environnants pour se rendre à l'assemblée sur le champ de foire. Des bus, des camions, des voitures particulières et des motos sont garés dans les rues les plus proches. Des femmes et des hommes impatients attendent depuis trois heures avec des chaises pliantes et des paquets de nourriture devant l'entrée du bâtiment. À cinq heures, les ponts sur l'Oder menant au champ de foire sont noirs de monde et de voitures. La circulation est strictement contrôlée, mais des arrêts ont encore lieu. Des cris de « Heil » retentissent lorsque des véhicules transportant des membres du parti et des Storm-Detachments, chantant et arborant des drapeaux, arrivent sur les lieux de réunion. Les policiers se promènent avec des sacs à lunch et des bouteilles d'eau. On dit que leurs voitures de police sont truffées de mitrailleuses et de bombes lacrymogènes. Des trains spéciaux se succèdent dans les gares. Bonheur, enthousiasme, félicité sur tous les visages de femmes et d'hommes, d'ouvriers, de paysans, de citoyens, de fonctionnaires, d'étudiants et de chômeurs, tous sont pris dans l'excitation qui ajoute au suspense intérieur de la grande campagne électorale. Journée inoubliable, merveilleuse. Hitler va parler.

Pour la première fois, l'ensemble des SA de la province défilera. Il y a parmi eux des Storm-Detachments qui sont restés assis dans des camions ouverts pendant dix heures ou plus avant d'atteindre le lieu de rassemblement. Les colonnes des SA sont couvertes de fleurs, c'est un défilé triomphal. Les bras levés se saluent constamment. Heil SA, Heil… Les tambours roulent, les klaxons retentissent.

Une foule de milliers de personnes se presse dans le

gigantesque bâtiment en béton de la Jahrhunderthalle, l'immense mémorial qui rappelle à jamais au peuple prussien les grandes journées de 1813. De longues bannières sont drapées sur les remparts et les arches du deuxième plus grand bâtiment en forme de dôme au monde. On peut y lire « Nous ne nous battons pas pour des mandats, mais pour notre idéologie politique. » « Le marxisme doit mourir pour que le socialisme puisse vivre. » Il n'y a pas de place dans ce monde pour un peuple lâche. » « Attention, attention », annonce le haut-parleur. « Tout le monde s'assoit, les SA entrent en scène. »

Et ils se rapprochent. L'immense bâtiment tremble. Un grondement semblable à celui d'un ouragan éclate, vingt mille personnes se lèvent de leurs sièges. Entre les cris de joie, des bannières et des drapeaux sont hissés, dont l'un est recouvert de noir. Une mère hurle. Un stormtrooper inconnu est mort en héros pour son peuple. Les stormtroopers entrent en scène. On les entend déjà chanter à l'extérieur : « Nous sommes l'armée de la croix gammée ». L'enthousiasme atteint son paroxysme. D'autres colonnes arrivent. Des hommes qui ne connaissent rien d'autre que le devoir et la bataille. Le sol tremble sous les pas, sous la force et la discipline des bataillons bruns.

« Attention, attention, Hitler vient d'arriver. Attention, attention. » L'excitation est omniprésente. « Heil, Heil. » Il arrive, des milliers d'yeux cherchent le Führer. Il est là. Des ordres tranchants, un cri de joie : « Adolf Hitler ». Puis le silence. Le Gauleiter s'avance vers le micro : « Mes chers camarades allemands », commence-t-il. Après quelques phrases tranchantes, il conclut : « Le Führer va parler ».

De nouveau, un gigantesque grondement, puis les masses écoutent. Adolf Hitler parle. D'abord lentement, avec mesure et froideur. Premiers applaudissements. Hitler fait un signe de tête pour demander le silence. Il continue à parler avec plus de conviction, irrésistiblement, il devient fervent et exigeant, les non-nationaux-socialistes sont frappés. Ce que dit ce soldat de première ligne, le lieutenant de première classe Adolf Hitler, cet homme du peuple, est si simple, si ordinaire et si juste, et tout est si vrai, que les je-sais-tout, vantant leur développement, et les rationnels avec leurs éternelles plaintes pratiques, sont tous silencieux. Ils suivent l'orateur avec suspense. Ils ont du mal à comprendre cet homme qu'ils sont venus voir par curiosité, mais ils l'applaudissent.

Hitler indique le silence. « Ceux qui sont des nôtres savent qu'un tournant dans l'histoire de notre peuple ne se produit pas tous les cinq ou dix ans, mais peut-être seulement une fois par siècle... » Il pousse maintenant un grand cri : « Les programmes des partis ne valent rien. Les personnes qui se tiennent à l'écart, les déçus, ceux qui ont été trahis tant de fois, écoutent attentivement.

« Il y a treize ans, nous étions un peuple brisé, et une vie économique brisée suivait le peuple brisé. Il y a cent ans, à cette époque, ceux qui ont apporté une nouvelle prospérité et le bonheur au peuple allemand n'étaient pas ceux qui ne pensaient qu'à la vie économique, mais ceux qui ont donné leur sang et leurs biens pour l'honneur du peuple allemand. Il ne peut en être autrement. La vie économique allemande n'est pas brisée, c'est le peuple allemand qui l'est... » Le soldat de première ligne qu'est Hitler ne parle pas de plates-formes, mais de sacrifice, de soumission et de travail.

Sa voix résonne maintenant comme un roulement de tambour, il parle de l'Allemagne, et comment. Les cœurs s'enflamment, quel testament, quelle volonté et quelle croyance aussi solides que le roc. Hitler aime l'Allemagne, il aime et se bat uniquement pour l'Allemagne, toujours uniquement pour l'Allemagne.

Les yeux brillent, les visages sont résolus. Les sceptiques deviennent courageux, les incrédules commencent à espérer, les indifférents et les apathiques se rallient à lui et les vieux soldats sont incités à de nouvelles actions. Hitler les attire tous dans le cercle de sa maîtrise grâce à son ardente volonté de liberté. Un peuple asservi se réveille, les distinctions de classe disparaissent, il n'y a plus d'ouvriers conscients de leur classe ni de citoyens mécontents, non, vingt mille camarades croient et crient de joie, croient au Führer et l'acclament. -

J'ai lu tout cela dans le wagon-lit sur le chemin de Berlin. J'ai également appris que von Pfeiffer avait été démis de ses fonctions par Hitler, que von Heydt s'était retiré du parti et que Strasser était resté froid parce que son frère avait incité à la mutinerie au sein des Storm-Detachments.

Je suis presque heureux d'avoir accepté de rencontrer Hitler pour la troisième fois. Il se passe dans ce pays des choses que nous ne connaissons que par la lecture de l'histoire passée. Rares sont ceux qui ont été chargés d'être là, au cœur de l'action, de parler au Führer et de connaître ses motivations les plus secrètes.

Une atmosphère étrange plane sur Berlin. Est-ce le calme avant la tempête ? Je n'en sais rien. Personne ne parle de politique. J'ai rendu visite à mon vieil ami à Wilmersdorf. Sa maison est abandonnée, cette fois je peux dire qu'il n'était vraiment pas là. Je discute avec le directeur d'un grand magasin. Il ne me dit rien de la situation. À toutes mes questions, il se contente de répondre que les temps sont durs, et je n'ai rien pu obtenir de plus. Dans plusieurs quartiers de Berlin, la ville présente un aspect étrange : des policiers à côté de stocks de fusils et de mitrailleuses. Des camions ouverts remplis de soldats de la Reichswehr passent à une vitesse folle dans les rues tranquilles. Des brigades motorisées survolent le Kurfurstendamm, des troupes armées sont visibles partout autour des bâtiments gouvernementaux près de mon hôtel. Peu d'uniformes bruns. Un phénomène étrange, à mon avis. Après tout, Hitler a été intégré au gouvernement. Les quelques journaux qui osent soulever la question parlent de lui comme du chancelier de l'avenir, un avenir très proche. Je m'attendais à de nouvelles démonstrations de puissance de la part du parti hitlérien à Berlin. Je n'ai rien appris des articles de journaux. Beaucoup de choses ont été clarifiées, cependant, lorsque j'ai parlé à un attaché de l'ambassade américaine. Il m'a dit que Hitler avait déjà muselé la presse alors qu'il n'était pas encore chancelier, que ses détachements d'assaut (SA) étaient mobilisés pour prendre la ville au premier signal, que l'apparition de la Reichswehr, bien qu'officielle, ne signifiait rien, puisque le gouvernement ne pouvait pas l'utiliser contre les troupes d'Hitler, même s'il en avait besoin, parce qu'elle n'était pas fiable et contenait de nombreux éléments nationaux-socialistes ; que Hitler avait ajouté un nouveau groupe de combattants à ses détachements d'assaut et à ses troupes qu'il avait lui-même baptisées Murder-troops (troupes de l'assassinat). Personne dans les autres partis politiques n'a protesté contre cette désignation brutale, qui est un défi à la civilisation. Les sociaux-démocrates sont brisés parce qu'ils se rendent compte que toutes leurs années de travail parlementaire n'ont abouti à rien, les communistes prennent peur même si ce sont eux qui ont crié le plus fort. Hier, leur maison de Karl Liebknecht a été prise par surprise et fouillée de la cave au grenier. Officiellement, ce sont la police et la Reichswehr qui s'en sont chargées, mais mon informateur m'a fait remarquer que les troupes d'assassins d'Hitler ont joué un rôle important dans la destruction de la maison de Karl Liebknecht. De nombreux dirigeants communistes ont déjà été faits prisonniers, le drapeau rouge a été interdit, certainement de façon temporaire, mais il n'apparaîtra pas avant les élections. Les sociaux-démocrates sont tièdes dans leurs manifestes et leurs quotidiens. Tout le monde se sent incapable de faire face à la situation. Le peuple allemand veut être impressionné, il n'a de respect que pour les orateurs forts. Les Allemands sont des enfants, des naïfs. Ils ne seront jamais attirés par un principe important.

J'ai d'abord reçu un bref résumé de la situation politique. Mon informateur s'est même risqué à une prédiction. « Hitler ne peut plus être arrêté », poursuit-il. « Vous verrez, la semaine prochaine, il sera Reichskanzler. Un von Papen ne peut pas le combattre, un von Schleicher a essayé avec l'aide du jeune Hindenburg, mais il n'a pas réussi. Hitler peut être Reichsprasident s'il le souhaite. Il ne se contentera que temporairement de la chancellerie. Mais Hindenburg est vieux et quelque chose peut arriver d'un jour à l'autre, Hitler sera alors un dictateur complet sans même l'apparence d'un chef constitutionnel. Tout est possible avec cet homme. Je lui ai parlé plusieurs fois et j'ai entendu ses discours, et il fait ce qu'il veut avec son public. Il ne les laisse pas réfléchir, il se contente de crier et de hurler pour qu'ils ne puissent plus lui résister. Lorsque je l'écoutais, j'avais toujours l'impression de devoir lutter contre le pouvoir de sa suggestion, pour ne pas le suivre à cent pour cent. Lorsque vous vous demandez plus tard ce qu'il a dit, vous ne pouvez pas vous en souvenir. Que pensez-vous du national-socialisme ? »

Je ne voulais pas lui donner de réponse, surtout pas une réponse complète. « Nous devrions attendre », ai-je dit, « nous, les Américains, n'avons en fin de compte rien à voir avec cela. Si le peuple allemand veut considérer Hitler comme son sauveur, c'est son privilège, ce n'est pas notre affaire. »

Mon confident pensait différemment et essayait de me prouver qu'Hitler était un danger pour l'Europe au même titre que Mussolini, et que le danger italien serait renforcé par l'extension du pouvoir des nationaux-socialistes en Allemagne et par une dictature hitlérienne.

Le soir même, j'ai écrit à l'ancienne adresse d'Hitler à Berlin pour l'informer de mon arrivée et lui demander un rendez-vous. Cette nuit-là, le bâtiment du Reichstag a brûlé. Goring se présenta à mon hôtel à midi, plus brutal qu'auparavant, arrogant et autoritaire. Il était accompagné d'un nouveau venu qu'il me présenta comme étant Goebbels. Tous deux étaient pleins d'ardeur. Ils injuriaient les communistes qui avaient mis le feu au bâtiment et essayaient de me persuader de leur droit sacré d'éliminer les communistes jusqu'au dernier. J'ai suivi la même tactique que précédemment et n'ai exprimé aucune opinion. Ils ont seulement répondu à ma question de savoir où et quand je pourrais parler à Hitler une fois qu'ils auraient fini de se déchaîner. Le Führer me recevrait le soir à onze heures et demie à la Fasanenstrasse. Goring viendrait me chercher en voiture.

Hitler était très contrarié. Pour lui, être simplement contrarié serait synonyme d'hystérie pour quelqu'un d'autre. Il était toujours contrarié, au sens propre du terme. Ses salutations sont à peine polies. Il se déchaînait contre les communistes qui avaient mis le feu au Reichstag, il accusait les sociaux-démocrates d'avoir participé à l'incendie, il appelait le peuple allemand comme s'il avait des milliers de personnes devant lui. Je ne peux pas reproduire ici tout ce monologue délirant car je n'en ai presque rien retenu. Il n'y avait aucune cohérence. Il a continué pendant une bonne demi-heure avant de s'asseoir à la table et d'entamer avec moi une discussion plus ou moins contrôlée, constamment interrompue par des accusations et de la colère contre les communistes.

Je n'avais aucune idée de la raison pour laquelle j'étais chez Hitler. La situation était la suivante. Carter avait reçu une lettre d'Hitler lui demandant d'envoyer immédiatement son ancien intermédiaire en Allemagne pour une réunion. Carter m'avait montré la lettre et, après mon acceptation il y a quelques mois, m'avait demandé de me rendre immédiatement à Berlin. J'étais maintenant assis devant Hitler, mais je n'avais aucune idée de ce qu'il allait me demander ou me dire. J'attendis calmement.

« Je voudrais vous informer des progrès réalisés dans nos rangs. Depuis 1931, notre parti a triplé de taille. Il y a des détachements où le nombre de chômeurs dépasse de loin le nombre d'employés. Les diverses campagnes électorales ont épuisé nos fonds. Maintenant que nous sommes à la veille d'une victoire électorale, j'ai dû faire le ménage dans le parti. Certains éléments, même à des postes de direction, n'étaient pas fiables. Mais tout cela est terminé. Il s'agit maintenant de réussir notre dernière étape. Les communistes ont joué leur dernière carte avec l'incendie du Reichstag. Les sociaux-démocrates ont été plus difficiles à vaincre lors de notre dernier assaut. Nous ne pouvons pas non plus oublier les nationalistes allemands, qui ont de l'argent. Nous ne pouvons pas entrer dans Berlin avec nos troupes car, bien que nous soyons sûrs de la Reichswehr, nous ne sommes pas certains de la population en général, en particulier dans le nord et le quartier juif. Nous avons tracé un anneau autour de Berlin et j'y ai concentré les trois quarts des effectifs de notre parti. Encore quelques jours et le grand jour sera là, le jour des élections. Nous devons gagner cette dernière initiative. Soit par les élections, soit par la force. Au cas où le résultat des élections ne serait pas favorable, mon plan est définitif : arrêter Hindenburg, son fils, von Schleicher, von Papen et Bruning, et les garder prisonniers. Nous ferons également prisonniers les dirigeants sociaux-démocrates. Tout est calculé dans les moindres détails. Mais la moitié de nos détachements d'assaut n'ont que des gourdins et les troupes des carabines démodées. Près de la frontière allemande, en Belgique, en Hollande et en Autriche, il y a d'énormes stocks d'armes. Les contrebandiers n'accordent aucun crédit. Ils exigent des prix scandaleux. Bien sûr, ils savent ce qui se passe ici et sont prêts à toute éventualité. On ne peut pas négocier avec eux. Ils veulent de l'argent liquide, rien d'autre.

« Je pensais que vous seriez à Berlin plus tôt, j'aurais alors pu tout calculer avec précision. Maintenant, au dernier moment, nous devons agir vite. Les longues discussions ne servent à rien. Que pensez-vous que vos bailleurs de fonds vont faire ? Nous n'avons plus d'argent. Allez-vous continuer à nous soutenir ou non ? N'oubliez pas que nous nous battons contre Moscou, contre toute l'industrie lourde allemande, contre l'Église catholique et contre l'Internationale. Ce ne sont pas des ennemis à sous-estimer. Les fonds de notre parti ont à peine augmenté, bien que j'aie porté la cotisation à deux marks et les contributions à un mark. Il y a trop de chômeurs que nous entretenons gratuitement et à qui il faut fournir des uniformes et des armes. Les choses vont mieux dans les plaines, où nos gens ont des carabines et des fusils de chasse. Dans les villes, c'est plus difficile. Qu'en pensez-vous ? Combien votre peuple va-t-il nous donner ? Je n'ai pas su répondre. D'autant plus que je n'étais pas préparé à cette question et que je n'en avais pas discuté avec Carter avant mon départ.

« Je n'ai fait aucun calcul, nous n'avons pas eu le temps et je ne fais plus confiance à mes collègues, à quelques exceptions près. Notre parti s'est tellement développé en si peu de temps qu'il m'est de plus en plus difficile de garder la direction entièrement entre mes mains. C'est absolument nécessaire, car les dirigeants fiables sont très rares. Les monarchistes commencent à se rallier à nous. Chaque jour, des membres du Stahlhelm nous rejoignent, parfois en masse, et nous ne pouvons que les accueillir, mais nous devons contrôler très strictement les dirigeants qui les accompagnent. Je ne fais confiance à personne ces jours-ci, j'ai enfin pris contact personnellement avec Hindenburg. La conversation était loin d'être agréable, le vieil homme était très réservé, mais j'ai fait semblant de ne pas m'en apercevoir. J'ai le temps. Il saura bien assez tôt à qui il a affaire. Le jour venu, il jouera le jeu ou disparaîtra. Je ne fais pas de compromis. Vous n'êtes pas juif, n'est-ce pas ? Non, je me souviens, votre nom est allemand, oui, d'origine allemande. Il vaut mieux que vous voyagiez en Allemagne avec un laissez-passer allemand. Goebbels peut s'en occuper. Vous le connaissez sûrement. Avec Goring, il est l'un de mes meilleurs partenaires. Von Heydt n'est plus avec nous, vous le savez.

Von Pfeiffer non plus. Les Strasser sont risibles. Une mutinerie dans la SA contre moi, une réunion de tous les Gauleiter, et l'incident était clos. La force, la rapidité d'action, l'audace, c'est tout. Au lieu d'agir rapidement et de ne pas attendre, les Strassers et leurs hommes se sont préparés et ont conspiré en secret, et j'ai été informé de toutes leurs activités lorsque je suis intervenu au dernier moment. Ce sont des frères faibles, trop politisés, avec des manières qu'ils ont prises à la populace rouge. Que dit-on en Amérique sur l'incendie du Reichstag ? » Il a manifestement oublié que j'étais déjà là lorsque le bâtiment a brûlé. « Mais nous savons qui sont les coupables. Nous pouvons tout prouver. Le communiste a mis le feu, mais derrière lui, il y a des communistes et des sociaux-démocrates. Ils le regretteront... » Hitler avait lentement retrouvé un tempérament effrayant et marchait de long en large dans la pièce. Soudain, il se précipite vers la porte, l'ouvre en grand et regarde dans le hall. Il se mit à pester et à jurer contre quelqu'un qui devait se trouver sur la marche. Mais je ne voyais personne. Je ne sais pas ce qu'il essayait de faire en criant. J'ai d'abord pensé qu'il voulait empêcher quelqu'un dans le hall d'entendre notre discussion. Mais ce n'était pas le cas, car lorsqu'il est revenu dans la salle, il a continué à se déchaîner contre la personne invisible pour quelque chose qui n'était pas clair. Peut-être s'agissait-il de la longue attente pour des détails sans importance, ou de son incapacité à faire confiance à ses subordonnés.

Il s'est rassis et m'a dit : « Tu n'as pas encore

parlé de la somme d'argent » : « Vous n'avez pas encore parlé de la somme d'argent ». A certains moments, Hitler donnait l'impression d'être un homme malade. Il était toujours impossible d'avoir une conversation normale avec lui. Parfois, ses sauts de A à Z étaient si gênants et si stupides que son équilibre mental était douteux. Je pense qu'il est de nature hypernerveuse. Au cours des dernières années, son esprit a été occupé par une seule idée. Il a vécu dans une tension constante. Beaucoup se seraient effondrés, mais Hitler semble avoir une nature incroyablement forte. Je ne crois pas, cependant, qu'il soit très compréhensif. Lorsque j'essaie de résumer toutes les conversations que j'ai eues avec lui, j'en arrive à la conclusion qu'il n'est pas intelligent, mais qu'il est exceptionnellement égocentrique et tenace. C'est, je crois, sa force. Nous pouvons tous reconnaître dans notre entourage une personne de ce type qui, souvent muette et à peine développée, sacrifie tout pour une idée ou une possession, et qui gagne ou périt à cause d'elle. C'est ainsi que je vois Hitler. Seul l'avenir nous dira s'il sera une bénédiction ou une malédiction pour un peuple comme les Allemands, mais je pense que le peuple allemand est le seul au monde à tolérer un homme à l'influence aussi massive. Il y a tellement de points faibles dans sa personne et son comportement que l'homme lui-même ainsi que son parti auraient longtemps été moqués et ridiculisés dans d'autres pays. Connaissant l'homme après les diverses conversations que j'ai eues avec lui, je comprends aussi maintenant pourquoi il ne peut plus être toléré après sa victoire finale, ni par les

Allemands, ni par les journalistes étrangers. Il est en fait un danger pour lui-même et pour son parti parce qu'il ne peut pas se contrôler, qu'il révèle tout, qu'il bavarde de ses projets sans la moindre hésitation. Cela m'avait frappé dès notre première conversation. Bien sûr, j'avais les références les plus solides, mon identité était sûre, il pouvait voir dans chaque détail qu'il avait affaire à quelqu'un qui représentait le groupe financier le plus puissant du monde, mais pour moi, ce n'était pas une preuve de ses qualités d'homme d'État et de sa perspicacité politique que d'être informé aussi directement de ses intentions les plus secrètes.

En 1933, c'était certainement moins dangereux qu'en 1929 ou 1931. Mais au cours de ces deux années, il était tout aussi franc avec moi qu'en 1933. Il ne pouvait pas non plus se soustraire au problème juif. C'était pour lui la question centrale, le problème le plus important pour le peuple allemand. Ses idées sur ce sujet seraient considérées comme risibles par un lycéen américain. Il nie absolument tout fait historique et je crois qu'il ne sait rien du concept moderne de « race ».

Après sa question, ou plutôt son reproche : « Vous n'avez parlé d'aucune somme d'argent », il a commencé à parler du problème juif et, par Dieu, il a commencé à comparer le problème allemand au problème des Noirs en Amérique. Cela m'a suffi pour me faire une idée de la compréhension et de la perspicacité d'Hitler. Les deux problèmes ne sont en rien comparables. Je vous épargnerai ces comparaisons absurdes.

Il était déjà trois heures du matin et je ne savais toujours pas ce qu'il attendait de moi. J'ai donc profité d'une petite pause dans son discours incohérent pour lui demander : « Vous avez parlé d'une somme d'argent ? »

« Oui, c'est bien là le problème. Nous n'avons plus beaucoup de temps. Voici la situation. Vos bailleurs de fonds sont-ils prêts à continuer à nous soutenir ? Quel montant pouvez-vous obtenir pour moi ? J'ai besoin d'au moins cent millions de marks pour tout régler et ne pas rater ma chance de victoire finale. Qu'en pensez-vous ? »

J'ai essayé de lui faire comprendre qu'on ne pouvait pas parler d'une telle somme, d'abord parce qu'il avait déjà reçu vingt-cinq millions et ensuite parce que le transfert d'une telle somme en quelques jours de New York vers l'Europe perturberait certainement le marché boursier. Hitler ne le comprend pas et le dit directement. Il n'était pas familiarisé avec des détails aussi compliqués dans le domaine bancaire. « Si vous avez l'argent en Amérique, il peut certainement être remis à l'Allemagne. Par voie télégraphique ou autre, cela me semble très simple. » C'était une perte de temps et d'énergie que de l'éclairer sur la finance internationale. J'ai conclu en promettant de rapporter notre conversation à mes bailleurs de fonds et d'attendre de voir quelle serait leur décision.

« Vous allez télégraphier, n'est-ce pas ? Faites-le ici, votre télégramme sera traité plus rapidement. Code ? Nous pouvons aussi vous aider, je vais téléphoner pour vous. » J'ai dû expliquer que je correspondais avec Carter dans un code secret et il a demandé si personne ne pouvait lire ce télégramme, pas même les directeurs de la société de télégraphie ? Il était stupéfait et pensait que ce n'était pas bien que des personnes privées puissent se télégraphier sans que les gouvernements des différents pays puissent déchiffrer leurs rapports. Il avoua qu'il n'avait jamais entendu parler d'une telle chose. Il était environ quatre heures et demie lorsque je suis rentré à mon hôtel et j'ai immédiatement commencé à élaborer mon télégramme codé à l'intention de Carter.

Il était très étrange de lire la presse allemande à cette époque. Bien sûr, on nous disait que les hebdomadaires sociaux-démocrates et communistes étaient encore disponibles, mais le garçon d'hôtel que j'envoyais les chercher revenait toujours avec les journaux berlinois bien connus. L'incendie du bâtiment du Reichstag était considéré sans exception comme un méfait communiste. Je n'ai jamais pu connaître d'autres opinions, même si elles étaient disponibles. J'ai lu d'autres explications en Amérique et ailleurs, mais s'il est vrai que le parti d'Hitler a participé à l'incendie, alors Hitler est le meilleur acteur que j'ai rencontré sur les cinq continents.

Goring et Goebbels sont presque aussi bons. Sa colère, sa frénésie à propos de l'incendie étaient soit tout à fait authentiques, soit incroyablement bien mises en scène, et même aujourd'hui, rien qu'en pensant à cette conversation, je peux encore sentir l'influence de ces sentiments sauvages. À cette époque, j'ai remarqué une autre chose étrange à Berlin. Au coin des rues et sur les places, j'ai souvent vu dix ou vingt uniformes bruns avec des croix gammées se tenir en cercle. Pendant un quart d'heure, ils criaient : « Enlevez le fumier ! Votez national-socialiste ! » Puis ils marchaient, formaient un autre cercle et criaient : « Le dernier œuf que les Juifs ont pondu, c'est le parti de l'État allemand ! ». À midi, j'ai vu par la fenêtre de mon hôtel quarante uniformes bruns se tenir en cercle, et pendant une demi-heure, ils ont crié en rythme constant :

Prolétaire, réveille-toi !
Si pour lutter pour la liberté du travail en Allemagne
C'est ce que vous voulez,
Si du pain pour la femme et l'enfant
C'est ce que vous voulez,
Alors défendez-vous, défendez-vous
Travailleur avec l'esprit et le poing
Liste de vote neuf.

J'ai toujours pensé à Hitler lorsque j'ai vu ces gens. À Berlin, on les appelait les « chœurs parlants » de la propagande.

Tout ce qui concerne Hitler. Des phrases courtes. Parler, crier, hurler, sans que personne ne proteste.

Personne ne pouvait dire un mot. Certainement une nouvelle méthode de propagande. Ils ont découvert de nouvelles méthodes chez nous dans le domaine de la propagande électorale, mais je n'ai jamais rien vu d'aussi suggestif, rien qui ait un tel effet sur les masses, et le premier parti qui l'utilise prend naturellement le contrôle de la rue, car même si un autre parti organise un chœur de parole dans la même zone, il en résulte une échauffourée — il ne peut en être autrement.

Le rythme et la répétition constante des mêmes mots plongent les orateurs dans une sorte d'extase, et dans cette extase, ils sont capables de tout. J'ai vu ces personnes brunes, comment elles regardent au-dessus de la tête des foules, comme si elles voyaient un monde meilleur et qu'elles se délectaient de cette image. L'extase se lit sur leur visage. Peut-on encore penser logiquement sous l'effet de l'extase ? C'est aux psychologues qu'il faut poser la question. Hier, j'ai lu quelque part dans une thèse que le fascisme et le national-socialisme étaient une maladie, peut-être une maladie de l'âme. Mais je ne fais que divaguer.

Carter m'a fait savoir qu'il pouvait donner sept millions de dollars au maximum, ce qui signifie que cinq millions seraient transférés de New York vers l'Europe aux banques données et que deux millions me seraient versés personnellement en Allemagne par la Rhenania Joint Stock Co. Rhenania est la branche allemande de la Royal Dutch à Düsseldorf. J'ai envoyé cette réponse à Hitler et j'ai attendu. Le lendemain, Goebbels a été annoncé très tôt le matin. Il m'a conduit à la Fasanenstrasse.

Hitler m'a reçu dans la même pièce, Goring était avec lui. La conversation a été très brève. Presque abrupte. J'ai eu l'impression que les trois hommes n'étaient pas satisfaits des stipulations et qu'ils devaient se forcer pour ne pas se déchaîner contre moi. Mais tout s'est bien passé. Hitler me demanda de remettre les cinq millions de dollars à la Banca ltaliana à Rome, et Goring m'accompagnerait. Les deux millions devaient être transférés en quinze chèques de même valeur, en monnaie allemande, tous au nom de Goebbels. La réunion est alors terminée. Je suis parti.

J'ai exécuté ma mission dans les moindres détails. Hitler est le dictateur du plus grand pays européen. Le monde entier le voit à l'œuvre depuis plusieurs mois. Mon opinion sur lui n'a plus aucune importance. Ses actes prouveront s'il est mauvais, ce que je crois. Pour le bien du peuple allemand, j'espère au fond de moi que je me trompe.

Le monde continue de souffrir d'un système qui doit s'incliner devant Hitler pour rester debout.

Pauvre monde, pauvre humanité !

Pour une traduction fidèle à l'original, Zurich,
11 février 1947
Rene Sonderegger

Épilogue

Le rapport précédent a été publié dans la période qui a suivi la datation du Forward, après octobre 1933 (en tant que traduction néerlandaise de l'original anglais), sous la forme d'un livre de quatre-vingt-dix-neuf pages publié par une vieille maison d'édition d'Amsterdam, toujours respectée et existante. Ce livre n'a cependant pas atteint un large public, puisqu'il a disparu après peu de temps du marché du livre, si tant est qu'il ait jamais été en vente publique. Seuls quelques exemplaires isolés semblent être parvenus entre les mains d'une tierce personne. L'existence du livre n'est pas contestée. Ce qui est contesté, c'est son authenticité. La firme explique que ce livre représente une énorme falsification, ou un faux :

Le traducteur, Schoup, nous a remis une lettre originale de Warburg, ce qui nous a permis de croire à l'authenticité du livre et de son auteur. Après la sortie du livre, nous avons appris de diverses sources que M. Sidney Warburg, de la maison Warburg à New York, n'existait pas et que le livre n'était qu'une vaste supercherie. Nous avons immédiatement rappelé tous les exemplaires des libraires et détruit l'ensemble de l'édition. Nous ne savons pas si Schoup vit encore : malheureusement, il n'a jamais été poursuivi.

Le texte allemand qui précède est la traduction exacte, mot pour mot, de l'édition néerlandaise.

Aujourd'hui, à la fin de l'année 1946, treize ans après 1933, après la deuxième guerre mondiale et la chute du Troisième Reich, après la soumission complète du peuple allemand et après les procès de Nuremberg contre les plus hauts dirigeants nazis survivants, et face à la menace de la Troisième Guerre mondiale, nous nous sentons obligés de publier ce texte, non édité et non coupé, afin de permettre une analyse exacte de son contenu et de son origine.

Il est possible que ce rapport soit falsifié et que son contenu soit en grande partie faux. Il est possible que le rapport soit faux, mais que son contenu soit en grande partie vrai. Il est possible que le rapport présente un mélange de fiction et de vérité. Mais il est également possible que le rapport soit authentique, ou qu'il soit substantiellement authentique, mais qu'il contienne plusieurs tromperies qui témoignent de son manque d'authenticité. Tout est possible. Il est important d'établir la vérité sur le contenu et l'origine.

Nous posons la question de la véracité du rapport. Qu'est-ce qui prouve qu'il s'agit d'un faux, c'est-à-dire que son contenu est substantiellement faux ? S'il est faux, dans l'intérêt de qui et par qui ce faux a-t-il été créé ? Peut-on prouver que le contenu du rapport est substantiellement authentique, donc vrai ? Peut-on déterminer ce qui est vrai et ce qui est faux dans ce rapport ?

En tout état de cause, il peut être établi que le rapport peut être authentique et véridique, que son authenticité et son exactitude ne peuvent être immédiatement contestées. Cette preuve sera démontrée par les faits suivants dont nous disposons. Le rapport mentionne de nombreux événements et faits concrets et connus de tous, qui sont relativement faciles à vérifier.

On suppose que Sidney Warburg est le banquier et écrivain new-yorkais James Paul Warburg, fils de Paul Warburg, qui fut secrétaire d'État sous Wilson. Sidney peut être un pseudonyme. James P. Warburg est né à Hambourg en 1896. En 1902, il est venu aux États-Unis avec son père. Jeune homme, il aurait passé plusieurs années dans l'entreprise de son oncle à Hambourg, mentionnée dans le rapport de la page 6. À l'époque de ses voyages supposés en Allemagne, il était âgé de 33 à 37 ans. James P. Warburg était un délégué américain à la Conférence économique mondiale de Londres en 1933, mentionnée à la page 4. James P. Warburg a beaucoup écrit sur l'économie et la politique. Par exemple, un de ses livres est paru en 1940, après de nombreux précédents, intitulé Peace In Our Time ?, un an plus tard un autre, Our War and Our Peace, en 1944 un autre, Foreign Policy Begins at Home. En 1942 paraît un recueil de ses vers intitulé Man's Enemy and Man. Ferdinand Lundberg le qualifie de

« politiquement agressif » dans son célèbre ouvrage *America's Sixty Families*. James P. devrait contester la paternité du rapport qui lui est attribué. Les Warburg américains sont issus de la vieille famille bancaire hambourgeoise des Warburg. Felix Moritz Warburg, le promoteur du sionisme, est né en 1871 à Hambourg, s'est rendu aux États-Unis en 1894 et y a épousé en 1895 une fille de Jacob Schiff de la banque Kuhn, Loeb and Co. Felix a eu quatre fils qui pourraient éventuellement être remis en question en tant qu'auteurs du rapport, si les preuves de la paternité de Warburg s'avèrent exactes. Le cas est toutefois improbable, car rien ne semble les prédestiner à ce rôle. Paul Moritz Warburg, père de James Paul, son fils unique, est né en 1868 à Hambourg, a épousé en 1895 une fille de Salomon Loeb de la banque Kuhn, Loeb & Co. et s'est installé, comme indiqué plus haut, aux États-Unis en 1902. Peu de temps après, il siège dans le gouvernement de Wilson. Le frère aîné de Paul et Felix, Max M. Warburg, est né à Hambourg en 1867 et est resté à la tête de la société hambourgeoise. Avec le mariage des Warburg avec la banque new-yorkaise Kuhn & Loeb, les Warburg deviennent la plus importante puissance financière capitaliste juive.

Le rapport Warburg contient plusieurs inexactitudes et erreurs qui, à première vue, renforcent les doutes quant à son authenticité. Nous voudrions relever ces endroits. A la page 2, l'auteur veut « décrire brièvement l'état de la finance américaine en 1929 ». Mais il se réfère ensuite à des incidents survenus au cours des années suivantes. La dissolution de la Darmstadt and National Bank, le krach de Nordwolle, la crise de la Kredit-Anstalt autrichienne ont tous eu lieu en 1931, le paiement des Young-Obligations en 1930. L'encours des crédits à l'étranger des Etats-Unis est évalué à 85 milliards de dollars. Ce chiffre est beaucoup trop élevé. L'encours des crédits américains à l'étranger n'était en réalité que de 18 milliards de dollars.

Le titre est Trois conversations avec Hitler. À la page 5, l'auteur parle de « quatre conversations ». Il y a eu exactement trois voyages et cinq conversations distinctes avec Hitler.

A la page 24, le télégramme de réponse de Carter se lit comme suit : « Expliquez à l'homme qu'un tel transfert (de 200 à 500 millions de marks) vers l'Europe fera voler en éclats le marché financier. Absolument inconnu sur le territoire international. » A la page 38, l'auteur écrit que « le transfert d'une telle somme en quelques jours (cent millions de marks) de New York vers l'Europe perturberait certainement le marché boursier ». Sans trop connaître ces transactions financières, cette crainte nous semble improbable.

A la page 30, l'auteur mentionne que les nazis ont reçu 107 délégués au Reichstag le 14 septembre 1932. C'est faux. Les nazis ont reçu 107 délégués au Reichstag le 14 septembre 1930, et en 1932 ils en avaient déjà beaucoup plus. Sur la même page, l'auteur écrit : « Mon grand-père est venu en

Amérique il y a quatre-vingt-dix ans, mon père y est né. » Le père du prétendu auteur, Paul Warburg, est né à Hambourg et s'est installé avec sa famille aux États-Unis en 1902.

Le rassemblement nazi décrit à la page 32 s'applique au rassemblement électoral de Breslau du 1er mars 1933. Il a donc eu lieu après l'incendie du Reichstag et après les conversations de Warburg avec Hitler. L'auteur a dû lire le rapport lors de son voyage de retour de Berlin, et non à l'aller.

À la page 34, l'auteur lit dans un journal allemand de février 1933 que « von Pfeiffer a été démis de ses fonctions par Hitler et que (Gregor) Strasser est resté froid parce que son frère (Otto) avait incité à la mutinerie parmi les Storm-Detachments ». A la page 37, il fait dire à Hitler au même moment : « von Pfeiffer n'est plus avec nous. Les Strasser sont ridicules. Une mutinerie dans les SA contre moi, une réunion de tous les Gauleiter, et l'incident était clos ». Le lecteur a l'impression que les cas de von Pfeiffer et d'Otto Strasser se sont produits très récemment. Or, ils se sont produits en 1930. Il est toutefois possible qu'ils aient pris effet après, et qu'ils aient été mentionnés à nouveau à l'occasion de la crise Gregor Strasser de début décembre 1932.

L'erreur la plus flagrante se trouve peut-être à la page 34, où l'auteur écrit que Hitler est déjà entré au gouvernement, mais qu'il n'est pas encore Reichskanzler. Le texte de la page 35 laisse également entendre qu'en février 1933, selon l'auteur, von Papen, et non encore Hitler, est chancelier. On peut conclure d'une phrase de la page 24 (« Nous ne devons pas oublier qu'en 1931, Hitler n'était pas encore Reichskanzler, mais seulement chef d'un parti politique puissant ») que l'auteur sait, au moment où il rédige le rapport à l'été 1933, qu'Hitler est chancelier. Il en va de même pour la phrase de la page 38 « après sa victoire finale ». Tous les écoliers d'Europe savaient en 1933 qu'Hitler était devenu Reichskanzler dès son entrée au gouvernement à la fin du mois de janvier 1933 et qu'il l'était resté jusqu'à sa mort. Ce qui a peut-être contribué à créer cette erreur, c'est que l'auteur se souvient avec précision et vivacité que Hitler n'était au début que Reichskanzler, que von Papen & Co. ne voulaient pas abandonner le pouvoir réel, et que la lutte pour le pouvoir au sein du gouvernement, dont l'auteur a été témoin de près, s'est poursuivie jusqu'à ce qu'Hitler s'empare pour la première fois du pouvoir total à l'été 1933. D'une manière générale, la tension de la lutte pour le pouvoir en Allemagne en février 1933 est décrite de manière tout à fait correcte par l'auteur.

Il est possible que le rapport contienne d'autres erreurs et inexactitudes de ce type. Il est toutefois douteux qu'elles représentent la falsification du rapport dans son ensemble. Si nous admettons que le rapport est falsifié, il émane alors d'un faussaire très intelligent qui a une connaissance approfondie des faits réels. Un tel faussaire ne se permettrait pas de commettre des erreurs maladroites comme celle du Reichskanzler ou l'inexactitude du nombre de délégués, autant d'éléments susceptibles de rendre le lecteur méfiant dès le départ. Peut-être certaines de ces erreurs ont-elles été commises à dessein afin de pouvoir, le cas échéant, nier la paternité de l'ouvrage, comme, par exemple, l'hypothèse selon laquelle la famille de l'auteur se trouvait aux États-Unis depuis 90 ans. En fait, ces erreurs et superficialités sont plus convaincantes pour l'authenticité que pour la falsification. Un banquier américain, appartenant au cercle des hommes du monde, qui n'est pas non plus perdu dans les affaires européennes intérieures, ne tourne pas chaque mot dix-sept fois avant de le coucher sur le papier, comme le ferait un professeur allemand. Il écrit de tête, de mémoire, sans se soucier de l'exactitude plus ou moins grande des questions secondaires. Pour autant que les points principaux ressortent clairement et nettement, ce qui est incontestable. Enfin, le rapport ne contient pas seulement ces erreurs et peut-être d'autres, mais aussi un grand nombre, une majorité, d'affirmations exactes et prouvables. En outre, il contient de nombreuses observations profondes et excellentes qui prouvent que l'auteur n'est pas un cordonnier ordinaire, mais un esprit cultivé, expérimenté et bien informé, doté d'une perspicacité qui ne peut s'expliquer que par une formation théorique de haut niveau ou par des expériences personnelles recueillies à des niveaux élevés. Le rapport contient des prédictions qui semblaient improbables en 1933, mais qui ont été confirmées par les événements survenus depuis. Enfin, le rapport contient un merveilleux aveu de la part d'un participant. Goebbels ne pouvait naturellement pas garder sa grande bouche fermée. Il écrit donc dans son journal « Von Kaiserhof zur Reichskanzlei » le 20 février 1933 : « Nous réunissons une somme énorme pour les élections (du Reichstag du 5 mars 1933) qui règlent d'un seul coup tous nos problèmes financiers ». Même si nous ne savons pas, bien sûr, si l'exclamation jubilatoire de Goebbels s'applique à l'argent américain supposé être envoyé par Warburg, la coïncidence opportune des deux événements est toujours remarquable.

Le rapport Warburg dans son ensemble donne une impression extrêmement sérieuse, authentique, vivante et incroyable. Les descriptions d'Hitler et le contenu de ses conversations semblent particulièrement authentiques et véridiques, elles concordent avec tout ce que nous savons par ailleurs sur le sujet. Après avoir relevé les erreurs, plusieurs faits particulièrement pertinents seront mentionnés et commentés.

Dès le début, la référence dans l'Avant-propos au conflit au sein du capitaliste, le mélange d'honnêteté, de décence et de corruption, prouve une grande prise de conscience, Marx, dans Das Kapital, a parlé clairement de ce rôle économique, du double rôle du capitaliste.

Le grand homme d'affaires, qui ne se laisse tromper par aucune phrase, apparaît dans des phrases courtes et brèves comme celles-ci :

L'argent est un pouvoir. Le banquier sait le concentrer et le gérer. Le banquier international fait de la politique internationale... Celui qui comprend ce qui s'est caché derrière le mot « national » ces dernières années et ce qui s'y cache encore, sait aussi pourquoi le banquier international ne peut pas se tenir à l'écart de la politique internationale. (p. 3)

Le monde bancaire américain n'a jamais été enthousiaste à l'égard de Wilson. Les banquiers et les financiers considéraient son idéalisme comme suffisant pour les études, mais inadapté au monde pratique et international des affaires. (p. 4-5)

Cherchez l'explication dans les ouvrages d'économie politique, dans les exemples d'économie pratique et internationale, dans les gros livres sur le sujet qui contiennent beaucoup d'idioties et qui trahissent tous une absence totale de vision de la réalité. Les économistes politiques sont avant tout des universitaires. (p. 6-7)

N'a-t-il pas raison ?

Carter et Rockefeller ont dominé les débats.

Carter est le représentant de Morgan. Guaranty Trust appartient au groupe Morgan. Morgan et Rockefeller, rois incontestés du monde, donnent les ordres et tiennent les Hitler comme des marionnettes au bout d'une ficelle avec leurs millions. Les Carter (père et fils) sont des figures officielles de la direction de la banque Morgan à Paris, qui a joué un rôle très important dans le financement de la Première Guerre mondiale et dans la réglementation des dettes et des réparations dans la période de l'entre-deux-guerres. L'homme mentionné ici serait-il identique à John Ridgley Carter, né en 1865, qui a épousé une Alice Morgan en 1887, a été attaché jusqu'en 1911 au service diplomatique américain et appartient depuis 1912 à la direction de la banque Morgan à Paris ? Cela correspond assez bien.

A la page 9, Hitler déclare : « Nous ne pouvons pas encore compter sur la sympathie des grands capitalistes, mais ils devront nous soutenir lorsque le mouvement sera devenu puissant. »

Selon d'autres opinions largement répandues, ces déclarations sont tout à fait exactes. Hitler a reçu les premières grosses sommes d'argent de capitalistes étrangers comme Ford, Deterding, etc. Les riches capitalistes allemands l'ont longtemps traité avec réserve. Ce n'est qu'après son accession au pouvoir que la majorité d'entre eux l'ont suivi. Mais c'est surtout le capital étranger qui a fait Hitler.

Les opinions sur la politique étrangère qu'Hitler avait en 1931, selon le rapport de 1933, ont été corroborées par les événements ultérieurs, tout comme, d'ailleurs, ses autres prédictions. Sa prédiction du pacte russe est la plus étonnante de toutes. À la page 20, Hitler déclare en 1931 :

> *Le peuple allemand doit être totalement autosuffisant, et si cela ne fonctionne pas avec la France seule, alors je ferai appel à la Russie. Les Soviétiques ne peuvent pas encore se passer de nos produits industriels. Nous ferons crédit, et si je ne suis pas capable de dégonfler la France moi-même, les Soviétiques m'aideront.*

> *À l'époque, cela semblait complètement fou à Warburg. C'est pourquoi il a ajouté immédiatement :*

> *Je dois ici faire une petite remarque. Lorsque je suis rentré à l'hôtel, j'ai noté cette conversation mot à mot. Mes notes sont devant moi et je ne suis pas responsable de leur incohérence ou de leur incompréhensibilité. Si vous pensez que ses opinions en matière de politique étrangère sont illogiques, c'est sa faute, pas la mienne.*

> *Falsification !?!*

> *L'évaluation que fait Hitler des « communistes » allemands, à la page 22, est tout à fait pertinente :*

> *Les meilleures personnes ici à Berlin sont des communistes, leurs dirigeants se plaignent à Moscou de leur situation difficile et demandent de l'aide. Mais ils ne se rendent pas compte que Moscou ne peut pas les aider. Ils doivent s'aider eux-mêmes, mais ils sont trop lâches pour cela.*

La position des capitalistes juifs par rapport à Hitler et à son antisémitisme, telle qu'elle est décrite dans le rapport, a également été prouvée par d'autres sources.

J'ai discuté avec un directeur de banque à Hambourg que j'avais bien connu dans le passé (très probablement l'oncle de Warburg). (Très probablement l'oncle de Warburg). Il était tout à fait acquis à Hitler... J'avais du mal à prendre son opinion au sérieux, parce qu'il était juif. J'avais besoin d'une explication et je lui ai donc demandé comment il était possible, en tant que Juif, de sympathiser avec le parti d'Hitler. Il a ri. « Hitler est un homme fort, et c'est ce dont l'Allemagne a besoin. (p. 18)

J'ai de nouveau posé la question de savoir comment mon informateur, en tant que juif, pouvait être membre du parti hitlérien. Il a ignoré la question d'un revers de la main. "Par juifs, Hitler entend les juifs galiciens qui ont pollué l'Allemagne après la guerre.

La consternation comique de Warburg lorsque Hitler a comparé à juste titre la question juive en Allemagne à la question noire en Amérique est tout aussi crédible (p. 38).

Un élément de fait important, qui peut renforcer de manière adéquate la possibilité réelle de l'authenticité du rapport Warburg par analogie, concerne les nombreuses déclarations incontestées sur le soutien moral, politique et financier et la promotion d'Hitler et du national-socialisme allemand par des capitalistes étrangers et surtout américains, disséminées dans la littérature de l'époque.

Tout d'abord, on peut citer le cas d'Henry Ford. Le roi américain de l'auto-mobile était connu dans les années 20 comme l'homme le plus riche du monde. Au début des années 20, il a conclu une alliance ouverte et bien connue avec les antisémites allemands en tant que leur saint patron, soutenue par le livre Le Juif international, illustré par lui et écrit par des antisémites russes blancs. Ce livre a été publié en allemand par la maison d'édition antisémite Hammer-Verlag. Dans une annonce de l'éditeur, il écrit

Ce livre a depuis longtemps pris sa place dans l'arsenal de tout Allemand mentalement alerte. Aucune autre publication de même envergure traitant de la question juive avec un raisonnement intellectuel ne peut prétendre à une plus grande diffusion.

Le 19 janvier 1923, les Hasler Nachrichten rapportent : Henry Ford est peut-être le plus grand antisémite de notre époque.

Le 13 septembre 1923, la Judische Pressenzentrale Zurich (Presse juive centrale, Zurich) écrit :

L'Internationale antisémite s'organise. Comme l'a découvert le représentant du JOB, cette agitation (antisémite) (en Tchécoslovaquie) a commencé il y a environ deux ans : immédiatement après les négociations menées par Henry Ford avec des hommes politiques allemands en Tchécoslovaquie. Le type d'agitation en cours en Tchécoslovaquie renforce le soupçon qu'il existe un lieu central pour la propagande antisémite internationale, cherchant à inciter systématiquement, selon un plan défini, un mouvement antisémite mondial.

Le 9 novembre 1923, peu après le putsch d'Hitler dans les brasseries, l'Arbeiter-Zeitung (journal ouvrier) de Vienne écrivait qu'" il était bien connu qu'Henry Ford dépensait des sommes importantes pour attiser le mouvement antisémite en Europe ».

Le 24 mars 1924, la Judische Pressenzentrale de Zurich rapporte : — « Attaques contre Henry Ford au Congrès américain ».

Lors de l'une des dernières sessions du Congrès, le député La Guardia a prononcé un discours virulent à l'encontre d'Henry Ford, l'accusant de propager l'antisémitisme en Europe. La Guardia a expliqué : « La richesse d'Henry Ford et son ignorance ont permis à des personnes malveillantes de mener une campagne ignoble contre les Juifs. Ce n'est pas seulement vrai en Amérique, mais dans le monde entier. Cette campagne inhumaine, non chrétienne et diabolique a atteint les autres rives de l'océan et nous en voyons les conséquences dans les pogroms de Juifs innocents et sans défense dans diverses parties de l'Europe. Réfutez cela si vous le pouvez !

Le 25 avril 1924, Crispin écrit dans le Vorwarts (Forward) de Berlin sous le titre : « Ludendorff et les Juifs ». -

Pour compléter le profil de Ludendorff, la source de sa sagesse sur les Juifs sera révélée. La source de sa sagesse est, selon son propre témoignage, le livre diffusé sous le nom de Ford : The International Jew.

En 1927 paraît une attaque de C.A. Loosely contre les antisémites : "Les méchants Juifs ! L'auteur polémique principalement contre les deux leaders littéraires de l'antisémitisme, Ford et Rosenberg. Il utilise les expressions « Ford et ses confédérés à croix gammée » (p. 57), « les antisémites allemands en alliance avec Ford » (p. 60), « M. Ford et M. Rosenberg » (p. 33).

Le texte suivant figure dans le livre d'Upton Sinclair sur Ford, le roi de l'automobile, publié en allemand en 1938 par Malik-Verlag, à Londres :

L'ancien rédacteur en chef du Dearborn Independent (appartenant à Ford), qui avait écrit l'article antisémite, était maintenant le secrétaire privé et le chef de presse de Ford, contrôlant toutes ses relations publiques. William J. Cameron n'avait pas changé d'avis d'un iota ; au contraire, il était en contact avec de nombreux agents antisémites dans le monde entier et les mettait en relation avec Henry Ford... Les millions de Ford l'entouraient comme un prisonnier d'agents nazis et de calomniateurs fascistes. Ils avaient déjà commencé à travailler sur lui alors que le mouvement hitlérien était encore jeune et avaient reçu 40 000 dollars de sa part pour une édition allemande de la brochure antisémite, les noms d'Hitler et de Ford apparaissant ensemble dans le prospectus. Plus tard, un petit-fils de l'ancien empereur s'est associé à Ford et, grâce à son aide, 300 000 dollars ont été versés au parti nazi. Henry Ford possédait d'énormes usines en Allemagne et ce n'est pas un idéalisme utopique qui l'a poussé à lutter contre les grèves dans ce pays. — C'est alors qu'entre en scène Fritz Kuhn, le principal agent d'Hitler en Amérique, chef en uniforme du Bund germano-américain, une organisation semi-militaire. Il installe son quartier général à Détroit et obtient un poste dans les laboratoires de l'usine Ford. Une nouvelle campagne antisémite est lancée et l'usine Ford grouille de nazis. (p. 248-249)

Le mouvement hitlérien allemand s'est développé et renforcé à partir de 1920 sous la participation directe, ouverte et étroite de Ford. Ce n'est que lorsque le soutien public de Ford n'a plus été nécessaire qu'il s'est dissocié de l'antisémitisme. Il continue cependant à aider Hitler. Ce dernier lui confie un ordre après sa prise de pouvoir. Le 19 septembre 1945, le Volksrecht

(Droit du peuple) a publié un article sur le sujet :

> *Les usines Ford sont accusées de fournir régulièrement des fournitures aux nazis. Le correspondant de l'agence TASS à New York rapporte :* « *Des documents découverts en Allemagne, ainsi qu'une enquête approfondie, ont prouvé que la société américaine Ford Co. a produit du matériel de guerre pour les nazis et a contribué à l'armement allemand avant et pendant la guerre, jusqu'en 1944. Avant Pearl Harbor, Henry Ford lui-même a approuvé les contrats entre ses usines et le gouvernement hitlérien... En 1939, un cadeau de 50 000 marks aurait été remis à Hitler par des représentants de l'usine Ford.* »

L'origine américaine du fascisme européen est également évidente dans un rapport de la Judische Pressezentrale de Zurich du 22 décembre 1922 :

> *L'un des dirigeants du Ku Klux Klan a expliqué, lors d'une conversation avec des journalistes, que le KKK avait tout préparé pour devenir une organisation mondiale... dans très peu de temps, une branche de l'organisation serait fondée au Canada, tandis que des agents de confiance seraient envoyés en même temps en Europe pour créer une organisation du KKK dans divers pays d'Europe. Cela ne durera pas longtemps et le mouvement s'étendra au monde entier.*

Le KKK européen a vu le jour sous la forme du fascisme et du national-socialisme.

Les événements survenus en Bavière en 1923 fournissent des informations très intéressantes et significatives sur les sources de financement étrangères des nazis. L'impulsion et les intérêts étrangers derrière les nazis sont plus faciles à cerner au début du mouvement parce qu'ils n'étaient pas aussi prononcés à l'époque et que les méthodes de déguisement n'étaient pas encore bien développées. Les événements de Bavière prouvent que des puissances et des intérêts étrangers ont été impliqués dans le mouvement fasciste dès le début, souhaitant l'orienter selon leurs désirs.

En mars 1923, Fuchs, Machhaus & Co. tentent de prendre le pouvoir en Bavière. L'Arbeiter-Zeitung de Vienne écrivait le 24 juin 1923 :

Le procès (contre Machhaus & Co.) a, pour commencer, établi avec des preuves tout à fait inébranlables le financement du mouvement fasciste par le gouvernement français. Il a été incontestablement prouvé et confirmé par tous les témoins que plus de cent millions de marks ont été remis par l'agent français Richert aux organisations fascistes au cours du second semestre de l'année dernière... La France a bien investi son argent dans les nazis allemands, Millerand et Hitler font commodément jeu égal !

Le 10 juillet 1923, le même journal revient sur l'affaire :

En clarifiant le verdict, il a été expliqué que... l'argent dont il (Richert) disposait était destiné à financer une prise de pouvoir en Bavière et le renversement du Reich allemand... Richert travaillait pour le compte du gouvernement français, et si sa prise de pouvoir avait réussi, il aurait dû comparaître devant le tribunal en tant qu'accusé principal, aux côtés du gouvernement français... La tentative de renversement du gouvernement allemand par Richert-Fuchs-Machhaus était une entreprise destructrice hautement officielle du gouvernement français contre la stabilité politique de la nation allemande et, par conséquent, contre l'unité nationale du peuple allemand. Le gouvernement français prévoyait de réaliser ce renversement en étroite coordination avec les autres actions françaises dans la Ruhr. Les armées françaises du Rhin et de la Ruhr ont reçu l'ordre de commencer à marcher de Francfort à Hof au moment du putsch bavarois, divisant ainsi le nord et le sud de l'Allemagne. Le renversement de la Bavière servirait alors de prétexte à l'occupation du Main à travers la France, et le gouvernement français espérerait tirer d'autres avantages du succès des campagnes séparatistes en Bavière.

Tel est, en résumé, le plan d'action de la Seconde Guerre mondiale. Le véritable modèle de Fuchs-Machhaus est Hitler, celui de la France est l'Amérique et celui de Richert est Warburg. Hitler avait également de l'argent français en 1923. Son chef des Storm-Troopers, Ludecke, avait armé et investi un détachement de la Garde hitlérienne de Munich avec des uniformes aux frais de la France, mais peu après, à la grande tristesse d'Hitler, il a été découvert par la police avec d'énormes sommes d'argent en francs et mis à nu. (Voir Vienna Arbeiter-Zeitung) du 19 mars 1923). Mais Hitler n'avait pas seulement des francs, il avait aussi des sommes surprenantes en dollars à l'époque de l'inflation de 1923. Sa force inhabituelle était-elle peut-être due à la possession de tant de dollars ? Le 15 avril 1923, l'Arbeiter-Zeitung de Vienne s'interrogeait ainsi : « Ne devrait-on pas trouver des noms comme Ford, le mécène américain de l'antisémitisme, parmi les nazis allemands qui vivent à l'étranger et qui sont friands de cadeaux ? »

Le 17 février 1923, l'Arbeiter-Zeitung de Vienne a publié l'article suivant sous le titre : « L'Hitler aux dollars ».

Quelle honte pour les nazis. D'abord, il est prouvé qu'ils ont reçu de l'argent des Français. Ensuite, l'un de leurs dirigeants a été démasqué en tant qu'espion français et arrêté. Aujourd'hui, le Munchner Post est en mesure de prouver que même Hitler, le célèbre général nazi, est en possession d'un nombre étonnamment élevé de dollars. Notre journal du parti munichois écrit : Peu avant le Parteitag national-socialiste, Hitler est apparu dans un bureau d'affaires de Munich en compagnie de son « garde du corps » pour acheter des meubles pour les bureaux de la rédaction du Volkischer Beobachter (observateur du peuple), un nouveau journal nazi. Après le Parteitag, le chef d'entreprise s'est rendu en personne dans les bureaux du Volkischer Beobachter pour encaisser la somme. Hitler était en train d'ouvrir le courrier. Il a retiré d'énormes sommes en dollars de plusieurs enveloppes qui lui avaient été envoyées. Il verse le montant de cinq millions à partir d'une mallette remplie de billets de banque. Le visage quelque peu stupéfait de l'homme d'affaires a évidemment dû le pousser à donner une explication à cette situation somme toute assez inhabituelle. Il a dit de but en blanc : 'Les vieux schnocks veulent toujours savoir d'où vient notre argent. Ce sont les Allemands vivant à l'étranger qui soutiennent notre mouvement. Si nous ne devions compter que sur les contributions des magnats de l'industrie, il y a longtemps que nous aurions besoin de l'aide des Allemands vivant à l'étranger. M. Hitler dispose donc, comme vous pouvez le constater, d'importantes sommes d'argent en valeurs étrangères. L'explication tordue qu'il estime devoir donner à l'homme d'affaires, à savoir que l'argent provient d'Allemands vivant à l'étranger, n'est qu'un moyen de se sortir d'une situation embarrassante. L'argent vient de l'étranger, et le fait difficilement contestable que le parti national-socialiste est alimenté par des canaux étrangers est ainsi fermement établi.

Lors du procès Hitler à Munich en 1924, il a été établi que Hitler avait reçu 20 000 dollars de la part d'industriels de Nuremberg pour son putsch. Rien n'agaçait autant Hitler que l'accusation d'être financé par des capitalistes étrangers. C'est pourquoi, au cours de son ascension au pouvoir en 1933, il intenta des procès en diffamation contre ceux qui émettaient de telles opinions. Comme les accusés ne pouvaient naturellement pas produire de justificatifs et de corroborations écrites, que les tribunaux protégeaient Hitler et qu'en outre les anciens participants et témoins qui s'étaient retournés contre les nazis étaient cruellement persécutés par leurs anciens amis, Hitler sortait régulièrement vainqueur de ces procès, quand il ne préférait pas tout simplement les laisser s'épuiser. Un tel procès a eu lieu en 1923 à Munich. L'Arbeiter-Zeitung de Vienne écrivait le 23 juin 1923 :

Le délégué du Lantag, M. Auer, a déclaré en tant que témoin qu'il avait été informé que des sommes d'argent, dont une de trente millions de marks, avaient été transférées à trois reprises du territoire de la Sarre à la Deutsche Bank et étaient entrées en possession de personnes qui, autrement, n'avaient pas d'argent à leur disposition. Il a été prouvé que l'argent provenait de Ford, le propriétaire de l'usine automobile, qui jouait un rôle important dans le parti ouvrier national-socialiste et était l'une des autorités du syndicat français du fer. — Le commerçant Christian Weber, membre de la direction du parti national-socialiste, a déclaré que le parti recevait certainement de l'argent de l'étranger, en grande partie de membres du parti en Tchécoslovaquie et d'amis en Amérique.

Un procès similaire a eu lieu contre l'écrivain Abel à Munich au cours de l'été 1932, donc peu de temps avant la prise de pouvoir d'Hitler. L'Imprekoor du 14 juin 1932 a rapporté ce qui suit :

Hitler et certains de ses collaborateurs, qui ont participé à la bataille en tant que témoins, ont fait de leur mieux pour rester vagues et ne rien révéler. Les tribunaux ont même aidé Hitler dans ses efforts. Le point central du procès fut l'interrogatoire d'Hitler, qui se déroula dans des circonstances sensationnelles. Le chef de la Chambre brune était manifestement soucieux de faire exploser la procédure, afin d'éviter les questions embarrassantes. Il réussit d'ailleurs à s'éclipser au bon moment grâce à une véritable crise de délire (même avec de l'écume sur la bouche !)... Il s'en tire à bon compte lorsque la question des sources financières étrangères est abordée. Il a cependant admis de manière ambiguë que le NSDAT avait toujours été soutenu par ses membres à l'étranger ; les Allemands à l'étranger et naturellement aussi les mécènes nazis en Allemagne pouvaient donc être les canaux par lesquels l'argent de Deterding, Schneider-Creuzot et Skoda aurait pu affluer. Mais lorsque les avocats posèrent à Hitler des questions tout à fait directes, il se mit à hurler comme un possédé, à insulter les avocats et à refuser de témoigner. Même le tribunal de Munich, normalement si favorable à Hitler, ne peut s'empêcher de lui infliger une amende de 1 000 marks pour « comportement abusif » et refus de témoigner, ce qui pourrait nuire à Hitler. — Les dénégations et les colères d'Hitler sont d'une grande transparence. Il a déjà été démasqué sur la seule question à laquelle il a répondu, et on peut même le soupçonner de parjure. Il explique qu'il n'a jamais vu ni parlé à l'Italien Migliarati, qui, selon l'affirmation d'Abel, est soupçonné de lui avoir remis des sommes d'argent. Entre-temps, il a déjà été prouvé dans le Bayrischen Courier que Migliarati avait rendu publique une interview d'Hitler à un moment critique. On comprend maintenant tout à fait pourquoi Hitler a laissé venir le déni de témoignage et a quitté précipitamment Munich. Les réponses à de nombreuses questions très précises de la défense auraient permis de faire la lumière sur les sources financières d'Hitler, sur les actes qu'un dirigeant peut commettre en toute impunité, mais que la base ne tolère pas.

La Neue Zurcher Zeitung est du même avis, estimant qu'Hitler a vérifié les accusations d'Abel plutôt que de les réfuter par son comportement inhabituel au tribunal.

Les liens financiers étroits entre Sir Henry Deterding, directeur de la Royal Dutch Petroleum Co. et Hitler sont bien connus et encore frais dans les mémoires, de sorte qu'il suffit de mentionner son nom ici. Konrad Heiden écrit à ce sujet dans sa biographie d'Hitler : "Les liens financiers directs et indirects avec Henry Deterding, grand inspirateur et donateur des campagnes antibolchevistes, n'ont pas été niés.

Hitler a reçu plusieurs millions de dollars de Deterding, la dernière résidence de Deterding était un domaine en Allemagne, et un représentant du gouvernement d'Hitler s'est exprimé sur sa tombe.

La littérature contemporaine contient de nombreuses allusions et preuves concernant les sources financières étrangères d'Hitler, dont celles qui ont été citées précédemment ne sont que quelques exemples, et les autres suivantes seront mentionnées :

La Neue Zurcher Zeitung écrivait dans son édition quotidienne du 18 octobre 1929, alors que le mouvement nazi commençait à prendre des proportions considérables, sous le titre « Non olet ! » (L'argent n'a pas d'odeur !) :

La quantité inhabituelle de propagande diffusée aujourd'hui par les nationaux-socialistes dans toute l'Allemagne, leurs costumes et leurs jeux de soldats, qui coûtent tous de grosses sommes d'argent, posent la question suivante : d'où vient l'argent ? Il est impossible qu'il provienne uniquement de l'organisation elle-même, compte tenu de la façon dont toute la structure est mise en place. D'où vient-il ? Le Badische Beobachter, principal organe du centre de Bade, dispose d'informations très intéressantes sur les sources financières qui alimentent le mouvement hitlérien. Ils arrivent à la conclusion que l'argent nécessaire au vaste et coûteux appareil d'agitation national-socialiste provient de l'étranger... Ce qui est remarquable pour ces héritiers du patriotisme, qui accusent quotidiennement leurs adversaires de trahison et qui s'estiment particulièrement bien pour leur germanité absolue, c'est que l'argent qui soutient leur mouvement provient principalement de l'étranger... A Dr. Gausser traitait avec des donateurs suisses, le marchand d'art munichois Hanffstangel avec les Américains, un ingénieur Jung et le Dr. Krebs avec des Tchécoslovaques, le professeur d'université Freiherr von Bissing collectait de l'argent pour le mouvement hitlérien en Hollande. La correspondance a été traitée avec le plus grand soin et n'a eu lieu que sous des adresses déguisées. Le nom d'Hitler n'est jamais mentionné. Il était toujours appelé « Wolfi » dans les lettres... de l'argent provenait également de Ford et des sommes importantes étaient données par de grands industriels en Tchécoslovaquie - A la provenance étrangère de l'argent s'ajoute, selon ce rapport, son origine capitaliste, une caractéristique qui joue encore aujourd'hui le rôle le plus substantiel dans le financement du parti national-socialiste, en plus de tout ce qui est connu ou soupçonné du mouvement.

Enfin, il faut mentionner que le 11 février 1932, le délégué socialiste Paul Faure a prouvé devant les Chambres françaises que les usines tchèques Skoda et l'Union européenne de l'industrie et de la finance, qui travaille en liaison avec Schneider-Creuzot, ont versé des sommes considérables au parti national-socialiste allemand d'Hitler.

À la fin de l'année 1931, Hitler a donné à la presse anglo-américaine une explication de sa politique étrangère qui correspond parfaitement aux opinions qu'il a exprimées dans le rapport Warburg. L'Imprekoor du 8 décembre 1931 a titré : « Hitler à genoux devant la finance mondiale » : « Hitler à genoux devant la finance mondiale ».

Les nazis croient à la vieille illusion de pouvoir compter sur le soutien de l'Angleterre et de l'Amérique face à l'impérialisme français. C'est pourquoi Hitler reprend dans ce discours la thèse anglo-américaine de la « priorité » des dettes privées sur les dettes politiques. C'est pourquoi il pimente ses explications sur la question du tribut par plusieurs attaques contre Paris, en spéculant sur un sentiment anti-français croissant, en particulier en Angleterre... C'est pourquoi il fait un aveu particulièrement fort concernant le paiement des prêts et des crédits anglo-américains.

Le précieux témoignage de Dodd sera cité ici. Dodd a été ambassadeur américain à Berlin de 1933 à 1938. A ce titre, il a rencontré de nombreuses personnalités américaines et allemandes de haut rang. Ses notes ont été publiées par ses enfants en 1943 dans un livre qui est devenu célèbre. Le soutien d'Hitler par les capitaux américains apparaît avec une clarté inhabituelle dans le journal de Dodd. Les banquiers américains, inquiets pour leurs investissements en Allemagne, soutiennent le nazisme sans exception. Après l'accession d'Hitler au pouvoir, les industries d'armement américaines et anglaises lui ont livré du matériel de guerre. De riches juifs ont également toléré et aidé Hitler, notamment les Warburg. Quelques remarques particulièrement remarquables dans les croquis de Dodd suffisent à illustrer le propos.

Dodd parle d'un riche New-Yorkais :

Il était très opposé à la révolution russe et enthousiaste à l'égard du régime hitlérien en Allemagne. Il déteste les Juifs et espère les voir traités en conséquence. Naturellement, il m'a conseillé de laisser Hitler suivre sa propre voie. (p. 24)

Le professeur John Coar a souhaité s'exprimer en toute franchise. Il m'a dit qu'il avait été un ami personnel d'Adolf Hitler et qu'en 1923, il l'avait conseillé contre son putsch en Bavière. (Hitler avait donc des conseillers américains dans son entourage dès 1923 !) Hitler continuait à lui donner des interviews en permanence et il avait l'intention de se rendre dans quelques jours à la maison d'été d'Hitler en Bavière. Il me proposa de me rapporter un rapport exact de sa conversation avec Hitler, si je lui donnais une lettre pour le président Roosevelt, à qui il souhaitait apporter un rapport final. (p. 34)

Schacht est le véritable maître en la matière, et les fonctionnaires n'osent pas lui ordonner quoi que ce soit. (Entrée du 3 janvier 1934) (p. 82).

Un soir, ma femme a rendu visite au baron

Eberhard von Oppenheim, qui vit magnifiquement et tranquillement près de chez nous. De nombreux nazis allemands étaient présents. On dit qu'Oppenheim a donné au parti nazi 200 000 marks et qu'il a reçu une dispense spéciale du parti, le déclarant aryen. (p. 86)

Ivy Lee et son fils James sont venus déjeuner à 13h30. Ivy Lee s'est révélé être à la fois un capitaliste et un défenseur du fascisme. Il a raconté son combat pour la reconnaissance de la Russie, et il était enclin à lui donner du crédit. Son seul objectif était d'augmenter les profits des entreprises américaines, (p. 87)

Lazaron (un rabbin américain) est ici pour obtenir des informations sur les possibilités offertes aux Warburg, qui regrettent la position extrême du rabbin Wise (contre les nazis), (p. 148).

Le grand banquier hambourgeois Max Warburg, frère de Felix Warburg à New York, est venu me voir à l'ambassade à la demande du rabbin Lazaron. La vie troublée qu'il avait menée ces dernières années se faisait sentir et il risquait maintenant de perdre la vie si ses opinions étaient communiquées au gouvernement. Il reste une heure. Il pense que le rabbin Wise et Samuel Untermyer, à New York, ont gravement mis en danger les Juifs vivant aux États-Unis et en Allemagne par leurs protestations publiques. Il a ajouté que Felix Warburg était du même avis. Ces deux hommes sont tout à fait d'accord avec le colonel House, qui tente de faciliter le boycott juif (contre l'Allemagne nazie) et de réduire le nombre de Juifs occupant des postes élevés aux États-Unis. (p. 155)

J'ai rendu visite à Eric Phipps et j'ai répété confidentiellement un rapport selon lequel Armstrong-Vickers, l'énorme entreprise d'armement britannique, avait négocié la vente de matériel de guerre ici la semaine dernière... Vendredi dernier, j'ai dit à Sir Eric que les entreprises d'armement britanniques vendaient des quantités massives de matériel de guerre ici. J'ai été assez franc — ou indiscret — pour ajouter que j'avais cru comprendre que des représentants de Curtiss-Wright, des États-Unis, étaient ici pour négocier des ventes similaires. (p. 186)

J'ai dit à Lewis que Hearst soutenait Mussolini et lui rendait visite depuis cinq ou six ans. Je l'ai informé de la visite de Hearst à Berlin en septembre dernier et de son accord avec Goebbels pour que le ministère allemand de la Propagande dispose de tous les journaux européens de Hearst en même temps que les États-Unis (p. 221).

Le pauvre Lazaron est très contrarié par le fait que tant de riches Juifs ont capitulé devant les dirigeants nazis et sont des aides financières influentes pour le Dr Schaft, qui trouve leur soutien très important dans la situation actuelle, (p. 236).

Même les procès de Nuremberg n'ont pas pu supprimer les preuves des relations autrefois étroites, amicales et bonnes entre le capital anglo-américain, ses gouvernements et Hitler, malgré les efforts du tribunal pour veiller avec zèle à ce que cet aspect de la question ne soit jamais soulevé, en déclarant les déclarations à ce sujet « non pertinentes et immatérielles ». Schacht, en particulier, a mentionné ce sujet critique.

Lorsque Schacht évoque à nouveau les relations des puissances étrangères avec le régime national-socialiste et l'aide qu'elles lui accordent, le tribunal décide que ces informations n'ont rien à voir avec la question et sont donc irrecevables... Schacht avait laissé les représentants des puissances étrangères le convaincre qu'ils devaient soutenir le gouvernement national-socialiste à ses débuts. Le tribunal a refusé d'admettre toutes ces déclarations. (NZZ n° 758, 2 mai 1946)

Funk a rédigé un rapport (sur l'aide financière reçue par Hitler de la part des capitalistes) qui éclaire de manière intéressante les débuts de l'histoire du Troisième Reich. Il faut accorder une grande importance au rôle des donateurs, car leurs dons et l'aide qu'ils ont par ailleurs accordée ont extraordinairement favorisé l'ascension d'Hitler. C'est pourquoi un lourd fardeau historique pèse sur les banquiers et les industriels concernés. Avec Schacht, von Papen et Hugenberg, ils font partie des « échelons de l'échelle », ce groupe d'hommes influents qui ont contribué de manière importante au succès final du national-socialisme. (NZZ n° 805, 8 mai 1946)

Baldur von Schitach a parlé pendant plus d'une heure de sa jeunesse et a déclaré, entre autres, que c'était le livre d'Henry Ford Le Juif international qui l'avait converti à l'antisémitisme. (NZZ n° 916, 24 mai 1946)

Il s'agit de plusieurs illustrations du soutien apporté à Hitler par des capitalistes étrangers. Cette collection pourrait s'étendre à l'infini. Les exemples mentionnés suffisent à notre propos.

Hitler a été fabriqué non seulement par le capital allemand, mais surtout par le capital international et surtout américain qui est intervenu de manière décisive dès le début, vers 1920, dans la bataille pour le pouvoir en Allemagne. Si cette bataille allemande pour le pouvoir avait été décidée au sein de la République de Weimar par des moyens exclusivement allemands, Hitler n'aurait jamais gagné. Hitler est devenu l'homme le plus fort d'Allemagne parce qu'il avait accès à l'aide internationale la plus puissante. Sa force et son succès ne peuvent être compris que si l'on tient compte de ce fait.

Le rapport Warburg peut être authentique. Nous ne supposons pas qu'il est authentique parce que nous manquons de preuves absolues (d'ailleurs, les preuves manquent également pour supposer qu'il s'agit d'une falsification). Le rapport Warburg reste donc un problème pour le moment. On peut certainement supposer que le rapport Warburg est symboliquement vrai, puisqu'il décrit de manière simple, généralement comprise et claire les relations réelles entre Hitler et le capital américain et international, ce qui a été prouvé des milliers de fois. Hitler a utilisé le capital américain et international pour provoquer la Seconde Guerre mondiale, pour détruire et finalement occuper l'Allemagne et l'Europe.

Qui est le pire, les instruments ou leurs instigateurs, qui par la suite se lavent les mains en toute innocence et condamnent leurs propres instruments et créations, les éliminant finalement comme des témoins dangereux ? Un « ordre » qui a besoin de tels instruments et moyens doit être condamné.

Le rapport Warburg, s'il est authentique, est l'un des documents les plus intéressants et les plus importants de notre époque, car il éclaire toute cette zone d'obscurité dans laquelle Hitler et la seconde guerre mondiale ont été fabriqués, et parce qu'il prouve que le noyau du capital international, le capital américain, est le criminel de guerre numéro un.

Il s'agit avant tout d'un « manuel » sociologique et politique de premier ordre, car il présente les relations entre l'économie et la politique de notre époque de manière concrète, comme un témoignage vivant, permettant au lecteur de jeter un coup d'œil dans les chambres secrètes de l'empire capitaliste. En même temps, il s'agit d'un document bouleversant, car il apparaît clairement que les souffrances et les sacrifices incroyables de l'humanité au cours des quinze dernières années ont été provoqués et subis dans l'intérêt de la haute finance internationale, et en particulier américaine. Il est du devoir du pouvoir général et de l'humanité de découvrir la vérité sur ce rapport et de le faire connaître et circuler à cette fin.

Octobre 1946.

Autres titres

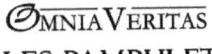

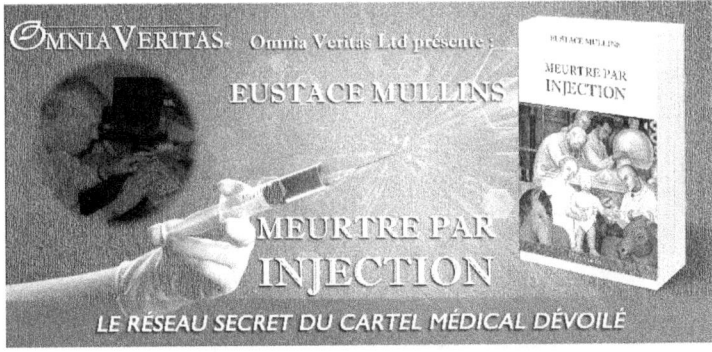

LES SOURCES FINANCIÈRES DU NATIONAL-SOCIALISME

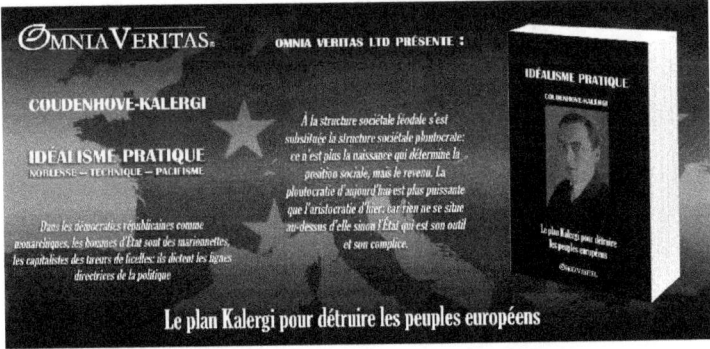

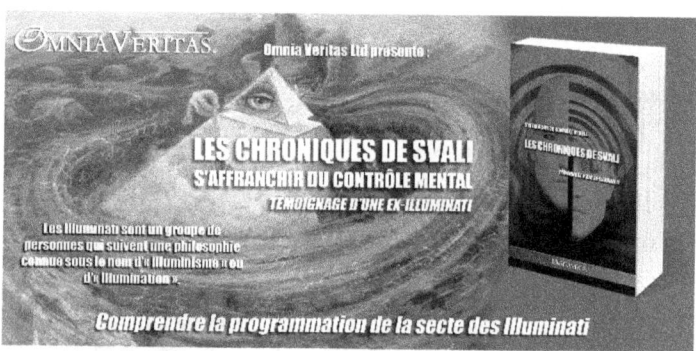

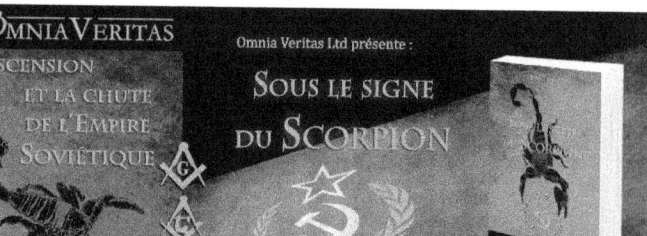

www.ingramcontent.com/pod-product-compliance
Lightning Source LLC
Chambersburg PA
CBHW051109160426
43193CB00010B/1372